ROME

ROME
GRANDS VOYAGEURS

texte Carole Saturno et photographies Hemis

CHÊNE

IGNEM VENI MI
TERE IN TERRA

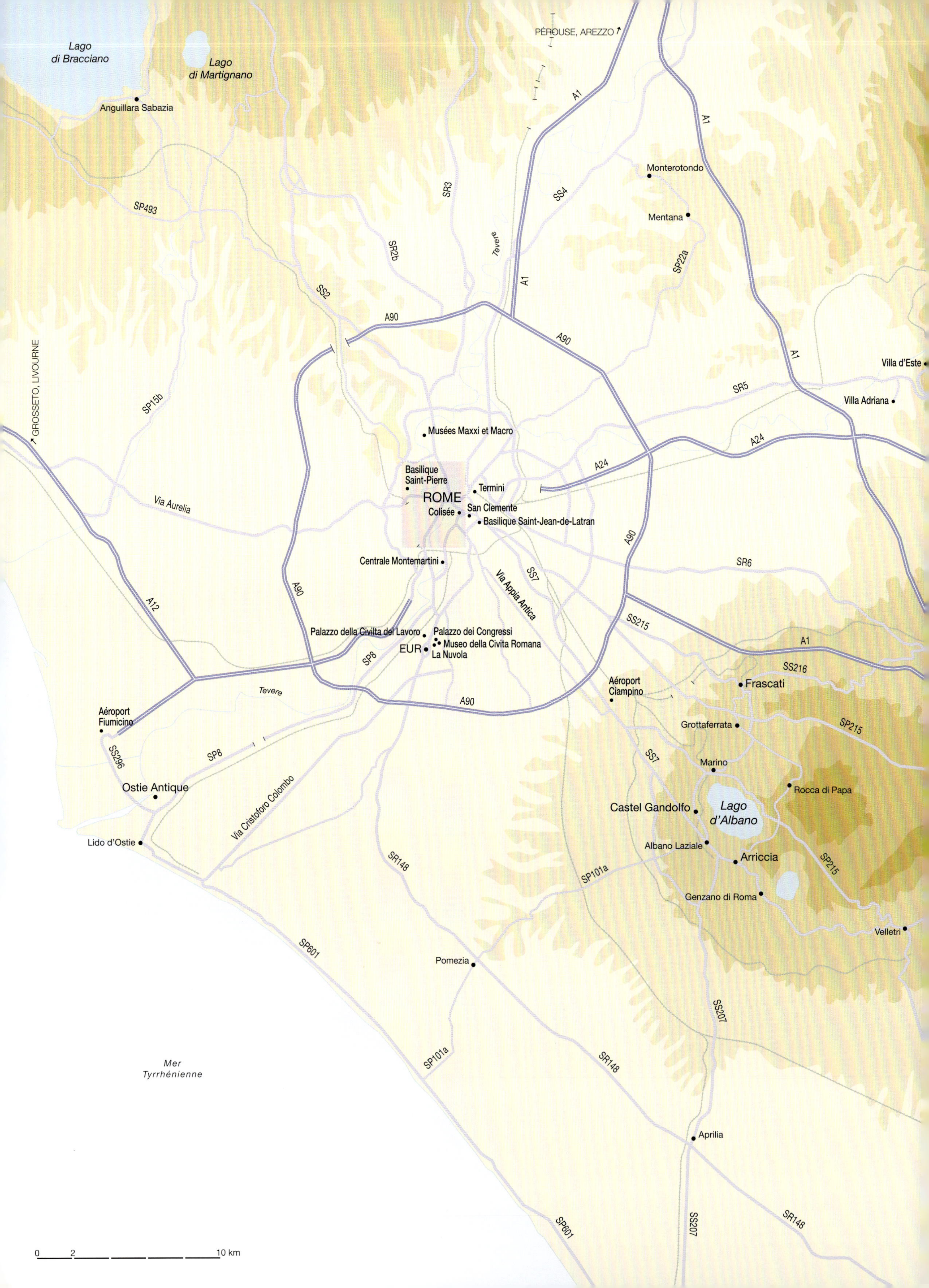

Lago di Bracciano
Lago di Martignano
Anguillara Sabazia
PÉROUSE, AREZZO
A1
Monterotondo
Mentana
SR3
SS4
SP493
SR2b
Tevere
SP22a
SS2
A90
GROSSETO, LIVOURNE
Villa d'Este
SP15b
SR5
Villa Adriana
Musées Maxxi et Macro
A24
Basilique Saint-Pierre
Termini
ROME
Via Aurelia
San Clemente
Colisée
Basilique Saint-Jean-de-Latran
SR6
Centrale Montemartini
SS7
Via Appia Antica
A12
SS215
Palazzo della Civilta del Lavoro
Palazzo dei Congressi
Museo della Civita Romana
EUR
La Nuvola
SP8
SS216
Aéroport Ciampino
Frascati
Aéroport Fiumicino
Grottaferrata
SP215
SS296
Marino
Ostie Antique
Rocca di Papa
Castel Gandolfo
Lago d'Albano
Via Cristoforo Colombo
Lido d'Ostie
Albano Laziale
Arriccia
SR148
SP101a
Genzano di Roma
Velletri
SP601
Pomezia
SS207
Mer Tyrrhénienne
SR148
Aprilia
0 2 10 km

Ponte G. Matteotti
↑ Musées Maxxi et Macro
Via Flaminia
Piazza di Siena
Galleria Borghese
Villa Borghèse
Via Trionfale
Via della Giuliana
Via Angelico
Viale delle Milizie
Ponte P. Nenni
Santa Maria del Popolo
Obélisque
Piazza del Popolo
Andrea Doria
Via Barletta
Viale Giulio Cesare
Via Pompeo Magno
Ponte R. Margherita
Via Leone IV
Candia
Via Ottaviano
Via Germanico
Piazza dei Quiriti
Tevere
Via Ripetta
Via del Babuino
Via del Corso
Villa Médicis
Via Vittorio Veneto
Via Cola di Rienzo
Prati
Via Crescenzio
Place d'Espagne
Caffè Greco
Trinita dei Monti
Musées du Vatican
Vatican
Piazza Cavour
Ponte Cavour
Via Tomacelli
Trident
Via dei Due Macelli
Via Sistina
Via di San Basilio
Chapelle Sixtine
Chambres de Raphaël
Borgo Sant'Angelo
Castel Sant'Angelo
Basilique Saint-Pierre
Via della Conciliazione
Ponte Umberto I
Piazza Barberini
Place Saint-Pierre
Ponte Sant'Angelo
Ponte V. Emanuele II
Via del Tritone
Via del Corso
Ponte P. Amedeo
Sant'Agostino
Fontaine de Trevi
Santa Maria Maddalena
Saint-Louis-des-Français
Caffè Tazza d'Oro
Piazza di Pietra
Temple d'Hadrien
Palais du Quirinal
Fontaine des Quatre-Fleuves
Panthéon
Sant'Ignazio
Via Giulia
Sant'Agnese in Agone
Piazza Navona
Place du Quirinal
Sant'Eustachio il caffè
Santa Maria Sopra Minerva
Corso V. Emanuele II
Galleria Colonna
Via Nazionale
Ponte G. Mazzini
Via del Plebiscito
Via dei Serpenti
Via Panisperna
Forno del Campo
Campo dei Fiori
Statue de Giordano Bruno
Piazza Venezia
Colonne Trajane
Marché de Trajan
Palais Farnèse
Forum de Trajan
Palazzo Spada
Piazza Mattei
Via Cavour
Farnesina
Ghetto
Place du Capitole
Mosaïque de la salle des Colombes
La Louve
Parco Gianicolense
Ponte Sisto
Tête colossale de Constantin
Arc de Septime Sévère
Tête de Méduse du Bernin
Piazza Trilussa
Via del Portico d'Ottavia
Temple de Saturne
Via Sacra
Temple d'Antonin et Faustine
Janicule
Basilique Julia
Forum Romain
Basilique de Maxence
Ponte Garibaldi
Isola Tiberina
Via Sacra
Grattachecca Fonte d'Oro
Colisée
Santa Maria in Trastevere
Grattachecca Sora Mirella
Ponte Palatino
Via Aurelia Antica
San Giorgio in Velabro
Palatin
Arc de Constantin
↑ San Clemente ; basilique Saint-Jean-de-Latran
Villa Doria-Pamphili
Trastevere
Piazza Bocca della Verità
Casa d'Augusto
Santa Maria in Cosmedin
Viale di Trastevere
Santa Maria dell'Orto
Via dei Cerchi
Via di San Gregorio
Cirque Maxime
Lungotevere Aventino
Parc des Orangers
Via Virelia
Villa Sciarra
Sainte Sabine
Aventin
Villa Celimontana
Ponte Sublicio
Place des Chevaliers de Malte
Viale Aventino
Via delle Terme di Caracalla
Tevere
Viale dei Quattro Venti
Via Portuense
Via Marmorata
Testaccio
Thermes de Caracalla
Monteverde
Viale di Trastevere
Via Ettore Rolli
Museo Macro Testaccio
Pyramide de Porta Ostiensis
Ponte Testaccio
Monte Testaccio
Anciens abattoirs
Centrale Montemartini ↓
0
200
1 000 m

Roma et son anagramme, *Amor* ; Rome, *Caput mundi*, capitale du monde antique, Ville éternelle, celle de la *dolce vita*, d'Anita Ekberg se baignant dans la fontaine de Trevi, des *Vacances romaines* qui voient filer Audrey Hepburn sur une Vespa avec Gregory Peck... Quelle autre ville peut se targuer de susciter autant d'images à la seule évocation de son nom ? Et même si elle n'est plus aujourd'hui synonyme de pionnière, de conquérante à la tête d'un empire, elle reste comme un des témoignages les plus éblouissants de notre culture. Née d'une épopée mythique, où les jumeaux Romulus et Remus, descendants d'Énée, qui avait fui Troie, sont nourris par une louve sur la colline du Palatin, elle est aussi le berceau de la civilisation occidentale, l'héritière de l'Antiquité grecque. Ici s'enracinent encore le christianisme et ses multiples représentations, de la figure du pape à l'Église dans toutes ses dimensions. Ici se cristallise enfin une unité politique qui donne sa raison d'être à un pays composé de petits pays, une Italie née il y a moins de cent cinquante ans, quand Rome devint capitale officielle du nouvel État en 1871.

Mais Rome, c'est aussi une lumière, des couleurs, une atmosphère, un paysage en somme, qui assoient le mythe. C'est un rythme aussi, une cadence urbaine tout en accélérations, aux accents populaires et à la vitalité renouvelée, qui se situe entre la nonchalance provinciale qui a fait la réputation des Romains et la vigueur de sa jeunesse étudiante. Son cosmopolitisme rassemble pèlerins venus de tous horizons et touristes attirés par les hauts lieux de ce qui reste encore une étape majeure du Grand Tour tel que le pratiquaient les jeunes gens de bonne famille au XVIIIe siècle.

La vertigineuse accumulation (qui fait parfois penser à des coupes géologiques) d'époques et de styles renvoie à quiconque découvre la Ville éternelle pour la première fois un troublant reflet de ce que l'homme a su bâtir au fil des siècles. Mais ici, l'histoire semble ne pas s'appesantir sur le regret des fastes passés : on célèbre la gloire ancienne, mais on jouit des plaisirs d'aujourd'hui. Les Romains sont trop épicuriens pour être aigris, et trop fiers de leur passé pour être frustrés par le présent. Ils sont aussi aux prises avec tous les tourments d'une ville

contemporaine parfois mal gérée, qui résiste aux sirènes d'une ultramodernité mal assortie à la beauté classique. Ainsi les vestiges se fondent-ils dans des paysages qui sont plus qu'un tableau de musée ou un décor de cinéma : c'est un cadre de vie, et d'une vie bien vivante.

Pins parasols, lumière chaude qui enrobe et découpe les volumes de brique, tout à Rome semble fait pour être saisi par le regard, que l'histoire interpelle autant que la nature. Et la prouesse d'une ville comme celle-ci est précisément de ne pas être figée : elle surprend parce qu'elle est restée finalement très terrienne, échappant jusqu'ici à une certaine muséification à l'œuvre dans d'autres villes incontournables de la péninsule – Venise ou Florence, pour ne citer qu'elles. Si le vertige vous prend au pied du Colisée ou parmi les vestiges du Forum romain, sachez qu'il n'est que passager, jamais très loin d'une émotion qui palpite et revigore. Ce vertige, c'est celui que laisse l'impression de se sentir très petit devant ce catalogue de merveilles, une impression parfois écrasante, qui ajoute au poids des siècles celui de l'admiration.

Alors, comment regarder la ville et la sédimentation de ces histoires multiples et superposées ? Commencer par le commencement, quand Rome était à la croisée de collines lovées dans une boucle du Tibre. Située au centre de la péninsule italienne, elle est aussi au carrefour des chemins du bassin méditerranéen. Les jumeaux Romulus et Remus la fondent en 753 avant notre ère, mais le premier tue le second et reste seul maître des Latins. L'histoire de la ville se conjugue sous le signe d'une extraordinaire croissance, œuvre de peuples et de chefs qui tous ont eu à cœur de conquérir le territoire voisin, allant toujours plus loin. Éloquentes, les cartes en marbre qui représentent l'expansion de Rome sont encore visibles le long du Forum romain : on y voit comment la capitale de la République devient celle d'un empire qui s'étend de l'Atlantique au golfe Persique et à la mer Caspienne. Les vestiges d'aujourd'hui reflètent bien souvent les ambitions folles de quelques grands souverains bâtisseurs, qui ont doté la ville d'équipements à la hauteur de leur projet politique (Capitole, Forum, temples), mais aussi de villas aristocratiques, de thermes, de lieux de loisirs pour

sacrifier au dogme fameux « du pain et des jeux » et asseoir leur toute-puissance – ainsi le Panthéon, le Colisée, la colonne Trajane, les thermes de Caracalla ou la villa Adriana.

S'ensuivent les siècles où le christianisme fait de Rome sa capitale, la dotant de grandes basiliques élevées sur les tombes de disciples du Christ, sanctifiant leurs reliques et les martyrs. Les papes émergent alors sur la scène politique et prennent les rênes de la ville quand celle-ci échappe au dernier empereur, en 476. Le Moyen Âge est une longue parenthèse sombre, où les pontifes disputent leur pouvoir aux grandes familles et où les splendeurs passées semblent définitivement sombrer dans l'oubli, vouant les vestiges aux pâturages. Mais en 1376, quand les papes reviennent d'Avignon où ils avaient fui en 1309, ils s'attellent à une renaissance qui s'exprime dans de multiples chantiers. Rome redevient le centre de gravité du monde occidental : l'urbanisme de l'époque reflète l'audace de ces pontifes déterminés à marquer l'histoire de leur nouveau territoire du Vatican et autour, constellant la ville de sanctuaires qui sont les points d'ancrage d'aménagements plus vastes, comme dans le quartier du Quirinal. Jules II, pape de 1503 à 1513, sait s'entourer et attire Michel-Ange pour décorer la chapelle Sixtine.

Au XVIIe siècle, le baroque triomphe, et Rome est sa vitrine la plus éclatante : Saint-Pierre est achevée, la Piazza Navona redessinée, et ces amples travaux portent la signature des plus grands artistes de l'époque, le Bernin et son rival Borromini, toujours financés par des papes mécènes, comme Urbain VIII (1623-1644) et son successeur Innocent X (1644-1655). Rome concentre toutes les attentions, et la ville est une étape majeure du Grand Tour, livrant ses monuments comme un livre ouvert destiné à éduquer l'élite de la société européenne.

D'un empire l'autre, et la ville passe des mains des pontifes à celle des Français, qui l'occupent dans la foulée de la Révolution. Le XIXe siècle est turbulent, et en dépit de leur puissance, les papes cèdent devant les pressions indépendantistes. En 1870, la défaite de Napoléon III précipite la proclamation du nouvel État italien, qui se choisit Rome pour capitale d'un royaume à reconstruire. La ville

redevient le laboratoire architectural qu'elle a été par le passé, nécessaire pour incarner véritablement ce rôle de première cité de l'Italie réunifiée. On perce, on ouvre et on dégage des places spectaculaires, comme la Piazza Venezia et la Piazza della Repubblica. Rome déborde sur sa périphérie, et l'antique muraille aurélienne n'est plus que la trace d'une ville d'autrefois. En 1922, quand le régime fasciste de Mussolini emporte l'Italie, le Duce instrumentalise l'urbanisme à des fins politiques et laisse son empreinte jusque dans les faubourgs, comme dans le quartier de l'EUR (Esposizione Universale di Roma) au sud, sur la route d'Ostie, qui ne sera finalement achevé qu'après-guerre, dans les années 1960. Car rien ne semble freiner cette frénésie bâtisseuse, et une fois passées les heures sombres de l'occupation, la ville continue de croître, et sa population d'augmenter. Le *miracolo economico* des années 1950 et 1960 accélère aussi l'essor du tourisme de masse, et bien que la ville peine à suivre pour ses propres habitants, elle est à l'image de ce que le cinéma de cette époque nous a laissé dans les films de Fellini, *dolce vita* et icônes d'une certaine modernité, Vespa et design *made in Italy* ! Dans le fond, le demi-siècle écoulé depuis semble presque terne au regard d'une histoire aussi flamboyante. Les crises successives liées à une gestion hasardeuse n'en finissent pas de prédire la déchéance de la cité. Quelques bâtiments signés des plus grands architectes, comme l'auditorium confié à Renzo Piano, le musée Maxxi à Zaha Hadid ou la Nuvola à Massimiliano Fuksas, le réaménagement des transports publics, la piétonisation du centre historique et des restaurations fastueuses à coups de fonds privés, comme pour la fontaine de Trevi, contredisent provisoirement ses détracteurs... et Rome est là, toujours singulière, étonnamment provinciale et pourtant éternelle, résistant à l'uniformisation qui sévit dans d'autres capitales méditerranéennes et semble dire, inlassablement : *Roma, Caput mundi* !

LA ROME ANTIQUE

Découvrir Rome, c'est peut-être d'abord remonter le temps vers la *Caput mundi*, cette capitale d'un empire dont les vestiges témoignent encore 2 000 ans plus tard de la grandeur et de la culture. C'est l'entrée monumentale dans son histoire, où l'émotion le dispute à l'éblouissement.

LE FORUM ROMAIN ET LES MUSÉES CAPITOLINS

Chaque jour qui se lève sur Rome est un jour qui pourrait commencer là, au pied du Capitole et face au Forum, comme au début du monde antique. Prendre la mesure, à cet endroit, de ce qui fut il y a des siècles, entre les sept collines de la ville originelle, là où la légende raconte que Romulus a fondé la cité. Au bord du Tibre, les terres marécageuses servaient de nécropoles aux peuples étrusques de la région, établis dans tout le centre de la péninsule italienne depuis le VIIIe siècle av. J.-C. Autour de 600 avant notre ère, leur roi Tarquin l'Ancien ordonne des travaux d'assainissement. C'est cette étape qui marque le début de l'urbanisation de Rome, et celui de la République romaine. Ceint de murailles sous son successeur, et pavé, le site se dote ensuite des premiers bâtiments publics, temples et institutions politiques du futur Empire. Et depuis 2 000 ans, c'est encore là que s'exerce le théâtre du pouvoir, puisque sur la place du Capitole s'élève encore de nos jours le Palazzo Senatorio, siège de la mairie de Rome.

S'il n'est pas toujours aisé au néophyte de lire ce paysage de vestiges et d'imaginer ce qu'il fut autrefois, et quelle activité florissante s'y tenait chaque jour, on peut néanmoins en deviner le faste, et sans doute aussi la position stratégique. Le Capitole, entre le fleuve et le Forum, était une articulation sacrée, puisque ici s'élèvent les temples consacrés à la triade classique imitée ensuite dans tout l'Empire : Jupiter, Junon et Minerve y étaient vénérés. De ces temples maintes fois détruits et rebâtis demeurent encore les traces, surgies au moment de la restauration des Musées capitolins. Car ainsi va Rome, au détour des chantiers qui la conservent ou la transforment, qui restitue quelques indices de son histoire passée. Et si l'on remonte le cours du temps, c'est aussi pour apprendre qu'avant d'avoir été déblayé au XIXe siècle par d'opiniâtres archéologues qui ont parfois dû creuser à plus de 20 mètres sous terre, le site du Forum avait été laissé à l'abandon au Moyen Âge. Il n'était plus qu'un pâturage où paissaient,

Double page précédente :
S'il ne reste du Forum romain que des palais entamés, des vestiges rognés par le temps, le site n'en demeure pas moins éblouissant. Vertigineux voyage dans les siècles qui laisse songeur, plus de deux millénaires après sa fondation !

Page de droite :
Au Forum, les statues ont beau avoir perdu une tête ou un bras, elles témoignent des traditions de l'Antiquité dans les façons de se vêtir ou se coiffer.

tranquilles, les bovins – d'où son nom de *Campo vaccino*, « Champ aux vaches ». C'est donc muni de toutes ces informations disparates qu'on découvre ce Forum, en embrassant des yeux cet entrelacs de colonnes, d'arcs de triomphe, de statues sans tête, de frontons morcelés et de bas-reliefs à déchiffrer comme des rébus. De chaque côté de la Via Sacra, on reconnaît les vestiges de portiques des basiliques Aemilia et Julia. Sous leurs nefs, on trouvait aussi bien un tribunal que des comptoirs de banque, des boutiques et une terrasse où s'affrontaient les gladiateurs. C'était, en somme, une place publique couverte, animée, où fusaient toutes sortes d'affaires. La vie politique, elle, se déployait dans le Comitium et la Curie, où siégeaient les sénateurs et magistrats qui s'adressaient au peuple. La devise de la République, reprise plus tard par l'Empire et encore visible partout sur les bâtiments, les bouches d'égout ou d'incendie, illustre cette alliance : *Senatus populusque romanus*, abrégé en SPQR, « le Sénat et le peuple romain ». Ailleurs les arcs de triomphe, comme celui de Septime Sévère, rappellent combien

Ci-dessus :
L'arc de Septime Sévère, érigé en 203, célèbre les victoires de l'empereur et de ses fils sur les Parthes (peuple du nord-est de l'Iran actuel). Il a inspiré un siècle plus tard celui dédié à Constantin, qui trône entre le Colisée et le Palatin.

Ci-dessus :
S'il vaut mieux éviter les heures chaudes pour arpenter les rues du Forum, la balade est belle tôt dès l'ouverture ou au contraire en fin de journée. De nuit, les monuments sont illuminés, et c'est encore un autre panorama qui se déploie.

l'époque était jalonnée de guerres, de batailles victorieuses et de défaites. Leurs piliers sont comme des livres ouverts voués à raconter les campagnes militaires. Enfin une multitude de temples célébrant aussi bien les divinités que leurs illustres représentants sur Terre, empereurs et impératrices, constellent le parcours. Ces bâtiments nobles témoignent ainsi de la puissance des rituels dans l'ancienne Rome, qu'il s'agisse d'investir des citoyens de fonctions politiques ou de rendre hommage aux généraux et empereurs.
Et même à la fin de la République et au début de l'Empire, quelques années avant notre ère, quand le pouvoir se déplace plus loin vers les forums impériaux, le Capitole, lui, garde une place centrale dans la ville. Cette consécration se renouvelle au XVIe siècle, quand le pape Paul III charge Michel-Ange d'y dessiner un complexe monumental. Cette composition, orchestrée autour d'une statue équestre, se veut comme une terrasse sur la ville, et reste encore aujourd'hui une des plus belles scénographies romaines. Encadrant le Palazzo Senatorio, les deux

Ci-dessus :
La place du Capitole, dessinée par Michel-Ange au XVIe siècle, a été pensée comme une terrasse sur la ville.

Ci-contre :
La Louve capitoline, *représentée avec les jumeaux Romulus et Remus, symbolise la fondation mythique de Rome. Sa datation fait l'objet de débats. On doute désormais qu'elle soit d'origine étrusque, comme on l'a longtemps pensé. Elle date plus probablement du Moyen Âge. Les jumeaux, eux, ont été ajoutés à la Renaissance.*

Ci-dessus :
Les musées, de chaque côté du Palazzo Senatorio, ont été enrichis par les papes et ouverts au public en 1734.

Double page suivante :
Endommagé par le temps, le Forum romain n'en demeure pas moins grandiose et spectaculaire. Ses vestiges ont toujours une force évocatrice. Ils demeurent éloquents et disent à ciel ouvert l'intensité du projet républicain puis impérial au tournant du premier millénaire.

palais des Musées capitolins se font face, reliés par une galerie souterraine. Leurs collections exceptionnelles comptent parmi les plus anciennes au monde, commencées au XVe siècle par les papes. Au Palazzo Nuovo, sont conservées statuaire antique, mosaïques et fresques, tandis que le palais des Conservateurs expose des trésors de peinture européenne des XVIe et XVIIe siècles dont des cycles picturaux qui illustrent l'histoire de la ville. Mais une des pièces les plus émouvantes de ce bâtiment est incontestablement la *Louve capitoline*, œuvre tardive (du Moyen Âge ?) en bronze et qui symbolise à elle seule la fondation mythique de Rome, quand les jumeaux Romulus et Remus ont été protégés et nourris par l'animal sur le mont Palatin. D'autres effigies antiques parsèment les salles, comme l'*Hercule*, le *Tireur d'épine*, le buste de Brutus... Autant de pièces devenues iconiques dans l'imaginaire artistique occidental.

LES FORUMS IMPÉRIAUX

La fin de la République, au Ier siècle av. J.-C., marque aussi le renouvellement urbanistique de Rome : César décide d'agrandir l'ancien Forum romain, mais dans les faits, c'est un projet plus ambitieux qui est reconduit et amplifié par ses successeurs. Ainsi, pendant près de cent cinquante ans, d'Auguste, premier empereur en 27 av. J.-C., à Trajan, qui meurt en 117, le site fera l'objet d'intenses travaux. Sous Trajan, l'architecte syrien Apollodore de Damas fait des prouesses en aplanissant la colline qui reliait le Capitole au Quirinal, ce qui exige de terrasser près de 800 000 mètres cubes de terre pour la construction des bâtiments prévus. Ces défis d'ingénierie sont à l'image de l'enjeu de pouvoir qui sous-tend ces réaménagements, et les empereurs ne lésinent par sur les moyens pour marquer de leur empreinte le paysage urbain. Mussolini, deux mille ans plus tard, l'a bien compris, lui qui redécouvre les forums impériaux ensevelis depuis le Moyen Âge en perçant une avenue monumentale entre le colossal Vittoriano, situé sur la Piazza Venezia, et le non moins colossal Colisée. Cette artère, qui traverse les forums romain et impériaux, était destinée aux défilés qui devaient célébrer la grandeur retrouvée de la nation italienne.

De tous, le forum de Trajan est le plus vaste et le mieux conservé. Là encore, il est à l'image de l'époque : rien n'était impossible à l'empereur rentré victorieux et immensément riche des campagnes militaires en Dacie (actuelle Roumanie). Ainsi en témoigne la basilique Ulpia, dont les dimensions (17 mètres sur 60) en font la plus grande jamais construite alors. Les marchés, dont le nom ne dit pas qu'ils étaient aussi voués à abriter bureaux et tribunaux, abritaient 150 boutiques. Bâti en brique rouge, cet hémicycle haut de trois étages a longtemps été utilisé, parfois à des fins militaires, comme au Moyen Âge, ou reconverti en couvent. Il abrite aujourd'hui le musée des Forums impériaux. Mais c'est évidemment la colonne Trajane qui capte tous les regards : au pied de cette éblouissante construction haute de 200 mètres, une inscription précise qu'elle est là pour rappeler « la hauteur de la montagne qui fut détruite pour faire place à de si grands monuments » ! Et qui se doute, en la regardant, qu'un escalier intérieur tourne jusqu'à son sommet, éclairé par 45 meurtrières presque invisibles de l'extérieur ?

Dix-sept tambours de marbre enroulés en spirale autour de la colonne rapportent les hauts faits de Trajan chez les Daces, de 101 à 106. De la traversée du Danube, tout en bas, à la victoire, au sommet, toutes les étapes sont contées, allant jusqu'à représenter Trajan soixante fois ! Autrefois, c'est la statue de cet empereur qui chapeautait l'ensemble... remplacée par celle de saint Pierre en 1587 sur décision du pape Sixte V.

Ci-dessus :
Bien conservés, les marchés de Trajan montrent comment les différentes strates architecturales se combinent au gré des temps. La tour des Milices qui les domine encore date du début du XIIIe siècle.

Ci-dessus :
Les vestiges de la basilique Ulpia laissent entrevoir la grandeur de ce bâtiment, dont ne subsistent que deux rangées de colonnes sur quatre, qui séparaient cinq nefs. Au fond du Forum, deux bibliothèques, grecque et latine, encadraient la colonne Trajane.

Double page suivante :
Magie de Rome qui permet cette alliance millénaire entre la nature et la pierre, comme sur ce sentier qui mène au Colisée et sinue entre les pins parasols, élégante signature naturelle de la Ville éternelle.

LE PALATIN

De toutes les balades, au lever du jour comme au crépuscule, celle du Palatin a la faveur des touristes mais aussi de nombreux « vrais » Romains. La nature qui pousse entre les vestiges, le calme et l'élégance des anciens palais, rendent le lieu particulièrement émouvant.

Située entre le Forum romain et le Circo Massimo (Circus Maximus), la colline du Palatin fait vibrer la corde mythique de l'histoire romaine : c'est ici que les jumeaux Romulus et Remus auraient été allaités par la louve ; c'est ici que, devenus adultes, ils seraient revenus fonder Rome en 753 av. J.-C. La légende a peut-être une part de vérité, puisqu'on a identifié en cet endroit central les plus anciennes traces de constructions humaines de la ville. C'est aussi dans cette perspective de lier le mythe à l'histoire qu'Auguste, premier empereur romain, a décidé de s'y installer en 36 de notre ère. Après lui, ses successeurs firent de même, si bien que le nom de la colline finit par désigner l'habitation impériale : le mot « palais » dérive en effet du latin *palatium* !
Cependant, même si les constructions ultérieures se voulaient plus fastueuses, c'est bel et bien les maisons d'Auguste, et en particulier celle qu'il fit construire pour sa femme Livie, qui retiennent l'attention. Bâtie sur deux niveaux, assez simple, presque modeste pour une impératrice, la maison de Livie émeut par sa décoration bucolique : guirlande de fruits et de feuillage mêlés, scènes de la vie en Égypte et souvenir d'une simple mosaïque au sol. De celle de l'empereur, on retient qu'il y aurait vécu plus de quarante ans, en toutes saisons, sans jamais changer de chambre à coucher. Adjacent à la maison d'Auguste, le temple d'Apollon devait, lui, être plus richement décoré. L'empereur vouait un culte fidèle au dieu grec, qu'il considérait comme son protecteur personnel. Fresques colorées et plaques en terre cuite polychromes ornaient les parois.
Les autres palais, de Tibère et de Domitien, sont aujourd'hui fort endommagés mais les vestiges archéologiques nombreux qui y ont été mis au jour ont été rassemblés dans l'Antiquarium. On y voit même des fragments de cabanes archaïques, peut-être semblables à celle où s'était réfugiée la Louve avec Romulus et Remus. Jusqu'à nos jours, l'endroit reflète la noblesse des habitations passées. En dehors des vestiges des palais, la famille Farnèse fit dessiner par Vignole au XVIe siècle de magnifiques jardins en partie conservés, qui comptent parmi les plus anciens parcs botaniques d'Europe. Autant d'agréments qui font du Palatin une des promenades les plus bucoliques de Rome, pour ses points de vue comme pour les nombreux pins parasols qui semblent veiller, impassibles, sur la colline.

B VIRG MARIAE AC S FRANCISCAE D

LE CIRCUS MAXIMUS ET LES THERMES DE CARACALLA

Située entre les collines du Palatin et de l'Aventin, l'impressionnante esplanade du Circus Maximus, le cirque Maxime, est aujourd'hui bien souvent désertée. Mais ce site de près de 600 mètres de long et les vestiges qui le bordent bruissent encore des vivats des 300 000 spectateurs assis sur les gradins, venus se distraire en acclamant des courses de chars, très prisées sous l'Antiquité ! C'est probablement le roi étrusque Tarquin l'Ancien, déjà à l'origine de l'aménagement de Rome, qui fonda ce cirque au VIIe siècle av. J.-C. Mais la mythologie retient aussi en ce lieu le mélodramatique épisode de l'enlèvement des Sabines à l'occasion des jeux du cirque, qui déclencha une guerre sans fin entre Romains et Sabins. Plus tard, c'est César qui fait agrandir le cirque, en 46 avant notre ère, avant qu'Auguste ne fasse dresser en son centre l'obélisque de Ramsès II, qui se trouve aujourd'hui Piazza del Popolo ! C'est donc le lieu de tous les défis ! Autant de prouesses physiques qu'on pouvait entretenir à deux pas, aux thermes de Caracalla, élevés au début du IIIe siècle de notre ère et qui ont servi pendant trois cents ans. Trop méconnus, ces thermes exceptionnels dans leurs dimensions (11 hectares) le sont aussi par leur état de conservation, ce qui n'est pas le cas de ceux de Dioclétien, légèrement plus vastes. Le visiteur est saisi par l'incroyable organisation du lieu, qui n'est pas sans rappeler celle de... nos plus luxueux centres de remise en forme ! Mille six cents personnes y convergeaient, car outre les baigneurs et le nombreux personnel dédié, les thermes étaient un lieu social où se croisaient aussi musiciens, comédiens et vendeurs ambulants... Outre les espaces pour faire du sport et se laver, on trouvait un auditorium, des bibliothèques, des jardins et des fontaines pour se cultiver et se détendre. L'illustration parfaite de l'adage classique *Mens sana in corpore sano*, un « esprit sain dans un corps sain » ! Ce qui éblouit néanmoins, et laisse songeur sur bien des architectures contemporaines, c'est ici la beauté des équipements qui ont traversé les siècles, ces imposants murs de brique rouge contrastant avec les nombreuses mosaïques au sol qui évoqueraient presque nos cathédrales, et la dimension monumentale jalonnée par une nature encore bien présente !

Majestueux murs de brique qui rougissent encore davantage à la tombée du jour ! L'espace laissé vacant aux thermes de Caracalla est aujourd'hui bien souvent employé pour accueillir des opéras grandioses.

Ci-dessus à gauche :
Les thermes de Caracalla montrent quelques mosaïques restées sur place. Mais de nombreux fragments sont exposés aux musées du Vatican.

Ci-contre :
L'intérieur de l'église San Giorgio in Velabro, située derrière l'arc de Janus, élevé par l'empereur Constantin. À deux pas du Circo Massimo, cette église, tout comme Santa Maria in Cosmedin, avait la faveur des communautés chrétiennes grecques.

Ci-dessus au centre et à droite :
La place de la Bouche-de-la-Vérité est un concentré de Rome. Cyprès et pins parasols, une église romane chapeautée d'un élégant campanile, des temples antiques et cette découverte pittoresque : une plaque d'égout à l'effigie du dieu Neptune, qui mutilerait la main des menteurs qui oseraient y glisser la leur !

LE COLISÉE

Colossal Colisée ! Probablement le monument le plus emblématique de la Ville éternelle, cet amphithéâtre de pierre, encore aujourd'hui magnifiquement conservé, témoigne des traditions de l'Antiquité romaine. Lui sont liés des adages devenus communs : « Du pain et des jeux » et « Ave César ! Ceux qui vont mourir te saluent », proféré par les gladiateurs à leur entrée dans l'arène ! Colossal, ce cirque bâti sous Vespasien et inauguré par son fils Titus en 80 l'est par ses dimensions et ses capacités d'accueil : haut de 57 mètres, formant une ellipse de 188 mètres dans son grand axe, il pouvait recevoir jusqu'à 70 000 spectateurs, dispersés par l'une des 76 entrées ! On raconte que pour l'inauguration, qui dura cent jours, plus de 5 000 bêtes furent sacrifiées ! Au bord de l'arène, siégeaient les plus importants fonctionnaires de l'Empire ; en haut des gradins, le peuple et les femmes. Et tous entraient gratuitement. Pendant près de cinq siècles, les empereurs ont offert combats de gladiateurs et chasses aux fauves pour célébrer leur puissance avec faste !

LE CENTRE HISTORIQUE

Lové contre la boucle du Tibre, le centre historique déroule un concentré de monuments et de ruelles pittoresques. Et pourtant, en dépit des touristes qui s'y pressent, c'est aussi là qu'on prend le pouls de l'authentique *dolce vita romana*, faite de cafés bus au comptoir et de pizzas qu'on emporte à la volée.

LA PIAZZA NAVONA ET SES ALENTOURS

Les Romains ont chacun leur petite idée et leur favorite : laquelle, de la Piazza di Spagna, la place d'Espagne, ou de la Piazza Navona, la place Navone, est la plus belle ? Toutes deux remplissent les réquisits de la carte postale idéale : prouesses de fontaines et arrière-plan monumental, terrasses bondées et restaurants de spécialités, cadre parfait d'une *passeggiata* ou d'un point de rencontre. C'est d'ailleurs ce mélange de touristes et de Romains pur jus qui fait leur charme, celui de la Piazza Navona en particulier. Parce que des deux, elle est la plus ancienne, enclavée dans le centre historique du Moyen Âge, la place est aussi emblématique de la manière dont Rome, tout au long de son histoire, a su transcender les héritages et faire de son patrimoine un élément à part entière de son identité, jamais encombrant. Prenons cet exemple : vue du ciel, elle dit d'emblée à quelle fonction l'empereur Domitien l'avait dévolue à la fin du Ier siècle. C'était un stade, et sa forme oblongue trahit encore ce premier destin. Les bâtiments fastueux qui la bordent aujourd'hui ont été édifiés, des siècles plus tard, en lieu et place des gradins qui entouraient l'arène. C'est un pape, Innocent X, issu d'une lignée renommée de Rome, la famille Pamphili, qui décide en 1650 de bousculer les codes et de redessiner la place Navone. Pour lui comme pour les puissants dignitaires de l'Empire romain ou ses prédécesseurs pontificaux (comme Urbain VIII Barberini, qui réaménagea le Quirinal), laisser son empreinte dans le tissu urbain est une manière de gagner la vie éternelle ! Les armoiries de sa famille, une colombe et un rameau d'olivier, constellent les fenêtres des *palazzi* de la place et de l'église Sant'Agnese, en son centre. Mais au-delà de ces signatures discrètes, le pape a choisi un monument puissant pour la Ville éternelle : la fontaine des Quatre-Fleuves, qui fait l'objet de toutes les attentions, la seule commanditée par le pape sur les trois de la place. Chef-d'œuvre du Bernin, qui la livre en 1651, elle est chapeautée d'un obélisque qui ajoute à la prouesse artistique du sculpteur. Et rien dans sa composition n'entame l'harmonie de l'ensemble : elle élève le regard sans l'arrêter ! L'exploit réside aussi dans l'extraordinaire audace du Bernin à vouloir

Double page précédente :
L'arène du Colisée était formée par un plancher de bois recouvert de sable pour éviter que les gladiateurs ne glissent et pour absorber le sang ! Autour, la cavea des gradins empile des travées de plus en plus inclinées qui permettent au public d'avoir une vue dégagée même de tout en haut.

Page de droite :
Sauf peut-être au petit matin, la Piazza Navona est toujours envahie, à égalité de touristes et de Romains qui s'y rendent aussi à l'heure de la passeggiata*, la promenade rituelle de la fin de journée.*

pour socle une grotte excavée où reposent à chaque angle les statues de ses quatre fleuves. Jamais peut-être une œuvre aussi imposante n'a semblé si lisible, alliant la beauté à l'intelligence de ce qu'elle souhaitait montrer : le Nil, voilé parce qu'on ignorait encore où il prenait sa source, le Gange et ses figues de Barbarie (*fichi d'India*, « figues d'Inde » en italien), le Danube et le Río de la Plata, la main tendue comme pour se protéger de la toute-puissance de l'église qui lui fait face. Car rien n'est donc laissé au hasard, la façade de Sant'Agnese surplombant la fontaine comme une métaphore de l'Église dominant les fleuves des quatre continents connus. Les deux autres fontaines, représentant d'un côté un Éthiopien aux prises avec un dauphin et le dieu Neptune de l'autre, sont plus tardives, achevées au XIXe siècle. Mais une promenade sur la Piazza Navona ne saurait faire l'impasse sur la visite de Sant'Agnese in Agone – Sainte-Agnès-en-Agone –, qui réserve une surprise de taille, car sa façade spectaculaire contraste avec son intérieur, recroquevillé sur un plan octogonal ! Confiée à l'architecte Francesco Borromini,

Ci-dessus à gauche :
La chapelle de Saint-Louis-des-Français consacrée à la vie de saint Matthieu, est décorée d'un cycle de toiles du Caravage de la fin du XVIe siècle. L'austère église aimante les amateurs du peintre, maestro des clairs-obscurs.

Ci-dessus au centre :
La Piazza Navona comme on la voit rarement, vidée de ses touristes et promeneurs romains. L'obélisque de granit rouge en son centre est gravé de hiéroglyphes qui font l'éloge de l'empereur Domitien.

Ci-dessus à droite :
Au Palazzo Altemps, c'est surtout en levant les yeux vers les plafonds peints qu'on frôle le vertige. On y découvre de magnifiques trompe-l'œil d'un jardin luxuriant exécutés par Antonio Viviani au tournant du XVIIe siècle.

et Pierre de Cortone aux pinceaux, la coupole aspire le regard vers les hauteurs, tandis que les pendentifs qui la sous-tendent sont peints par Baciccio, un égal du Bernin dans le geste. Le sanctuaire, dont le pape Innocent X avait fait une chapelle privée pour sa famille, est dédié à cette jeune martyre paléochrétienne tuée par l'épée en 250, qui avait auparavant été exposée nue dans un lupanar, puis livrée aux flammes, dont elle avait réchappé ! Tant de noblesse contraste avec l'animation populaire qui, tout au long de décembre et jusqu'aux premiers jours de janvier, envahit la place avec ses innombrables étals recouverts de jouets colorés et de babioles clinquantes. La *festa della Befana* est un must pour les familles romaines et leurs rejetons, qui piaffent d'impatience avant la venue de cette figure, sorte de sorcière aussi crainte qu'attendue, qui apporte des cadeaux pour l'Épiphanie. Ainsi les places romaines sont-elles finalement toujours aux Romains : insolentes de beauté, elles aimantent les touristes de passage, mais sont aussi des lieux de vie quotidienne. Leurs églises jouent aussi ce rôle :

Ci-dessus :
Détails de la fontaine des Quatre-Fleuves, chef-d'œuvre du Bernin achevé en 1651. Monumental, cet ensemble de sculptures en travertin porte l'obélisque qui était autrefois dressé dans le cirque de Maxence.

Page de droite :
L'allégorie du Gange tient dans sa main une rame, suggérant la navigabilité du fleuve. À ses pieds, un dragon, symbole de l'Asie. Quatre fleuves pour quatre continents, qui étaient les seuls connus à l'époque.

elles rassemblent paroissiens, amateurs d'art et curieux autour de leurs trésors. Rome en compterait près de neuf cents ! Bien sûr, toutes ne méritent pas qu'on s'y attarde, mais dans les parages de la Piazza Navona, il faut pousser la porte de Sant'Agostino (Saint-Augustin) et, un peu plus loin, de Saint-Louis-des-Français. La première, bâtie en 1483, vaut pour deux chefs-d'œuvre : une fresque de Raphaël, *Le Prophète Isaïe* (1512), inspirée des plafonds de la Sixtine peints par Michel-Ange, et une *Madone des pèlerins* (1603-1605) du Caravage, bouleversante en dame romaine qui s'attarde sur des indigents à ses pieds. C'est cet artiste encore qui illumine la seconde église, propriété de la communauté française de Rome depuis 1478. Au fond du sanctuaire, une chapelle abrite un cycle de trois tableaux consacrés à saint Matthieu, peints par le maître entre 1599 et 1602. C'est là une véritable leçon d'art, où les clairs-obscurs servent tout le propos dramatique du sujet. Autant d'occasions, pour les néophytes comme pour les plus éclairés, de profiter d'un patrimoine exceptionnel et généreux.

Ci-dessus :
La Piazza Navona côté nord, où est clairement perceptible l'antique courbe de l'arène, quand l'empereur Domitien (81-96) avait aménagé là un stade. Les épreuves athlétiques avaient lieu lors d'un concours en l'honneur de Jupiter Capitolin, dont le culte avait été initié par l'empereur lui-même en 82.

Ci-dessus :
À l'angle de la longue Via dei Coronari qui court de la Piazza Navona vers le Tibre, se serrent des adresses chéries des gourmets romains, comme cette minuscule Via di San Simone qui abrite un glacier parmi les meilleurs de la capitale.

Ci-contre :
Vue du ciel, la Piazza Navona trahit nettement son origine, cette forme ovale du stade qui l'a précédée.

LE QUARTIER DU PANTHÉON

Avec le Colisée, le Panthéon tutoie le colossal, le superlatif, les records à battre. C'est probablement le monument de l'Antiquité le mieux conservé, un des plus visités de Rome (avec le Colisée et le Forum romain), celui qui a inspiré Bramante pour dessiner le dôme de Saint-Pierre et, précisément, la plus grande voûte jamais réalisée en maçonnerie ! Et puis il y a l'émotion, cette sensation intime et propre à chacun devant cette spectaculaire bâtisse de pierre et de brique, enserrée sur la Piazza della Rotonda et qui surgit presque de manière inattendue. Cette place, d'ailleurs, sertit le Panthéon comme dans un écrin ; elle n'est pas vaste, elle rehausse davantage encore ses dimensions. On parcourt le monument de l'extérieur d'abord, en l'embrassant par l'arrière – où l'on devine les anciennes ouvertures –, qui est aussi plus sobre et rustique. L'avant, avec l'entrée principale, ces monumentales portes de bronze (dont les spécialistes ont longtemps pensé qu'elles étaient d'origine), son avancée de temple grec, la colonnade et la célèbre inscription latine, lui confèrent une autre allure. Cette mention à Agrippa, un compagnon d'Auguste qui aurait fait construire ce qui était alors un temple entre 17 et 25 av. J.-C., renseigne le visiteur sur l'origine du bâtiment. Avant d'être le Panthéon, ce fut un lieu de culte dédié aux divinités classiques, qu'Hadrien transforme radicalement entre 118 et 125 ap. J.-C. C'est de cette époque que date la forme actuelle du bâtiment, fusion entre le rectangle d'un temple grec (à l'avant) et la forme circulaire des thermes romains (à l'arrière). Transformé en église au Moyen Âge, le Panthéon doit sans doute à cette requalification d'avoir subsisté tel quel au fil des siècles. Bien sûr, il a fait les frais, régulièrement, de spoliations et de nouvelles restaurations, parfois malheureuses, comme quand au XVIIe siècle le Bernin ajoute deux clochetons au fronton, supprimés en 1883 – l'histoire retient qu'on les qualifia d'« oreilles d'âne » ! Ou quand le pape Urbain VIII Barberini pille le bronze des portes originelles pour que le Bernin (encore lui !) lui sculpte un baldaquin ! Quoi qu'il en soit, demeurent le pavement, marbres précieux qui dessinent des fantaisies géométriques, et les traces, à l'intérieur encore, des anciennes niches qui abritaient les statues de dieux, aujourd'hui transformées en chapelles des grands hommes (Raphaël, Annibale Carrache, les premiers rois de l'unité italienne, Victor-Emmanuel II et son fils Humbert Ier). Cependant, inexorablement happé par la lumière de

Panthéon, ou « maison de tous les dieux », est un mot du grec ancien. La coupole, censée rappeler la voûte céleste, est une prodigieuse construction où l'oculus ouvert laisse filtrer une lumière douce sur les parois – et protège miraculeusement l'intérieur de l'eau, en dépit de son diamètre de 9 mètres.

Ci-dessus :
Terrasses qui débordent sur la rue aux beaux jours et trattorias qui invitent à la découverte de la gastronomie locale.

Ci-contre :
L'éléphant de la Piazza della Minerva porte sur son dos le plus petit obélisque de Rome – qui en compte treize au total ! Sculpté par le Bernin pour le pape Alexandre VII en 1667, l'éléphant est si petit qu'on l'a affublé du surnom de « poussin de la Minerve » ! Il symbolise la sagesse et l'abstinence sexuelle.

Ci-dessus :
Fréquentée à toute heure, la Piazza della Rotonda a été redessinée au XVIe siècle en y ajoutant cette fontaine, à laquelle on a adjoint l'obélisque bien plus tard, en 1711. Rectangulaire, s'étirant sur près de 60 mètres de long, la place enserre le Panthéon dans un décor harmonieux de palazzi *du Moyen Âge qui se fondent dans cette scénographie théâtrale.*

la coupole, c'est bel et bien vers le ciel que s'élève le regard. Cette voûte de béton de 43,3 m de diamètre, véritable prouesse d'ingénierie, a été coulée d'un seul jet sur châssis de bois. Ses proportions harmonieuses viennent en partie du fait qu'elle est aussi large que le Panthéon est haut ! C'est précisément ce qui suscita l'admiration de Bramante et l'inspira pour dessiner le dôme de la basilique Saint-Pierre au début du XVIe siècle. Et puis l'oculus, large de 9 mètres, voulu par Hadrien comme un poste d'observation astronomique, qui est ouvert sur le ciel mais qui ne laisse passer que quelques gouttes lorsqu'il pleut ! Fascinant aussi de s'y trouver à midi, quand le soleil entre à la verticale et inonde le lieu de sa lumière... La générosité du Panthéon, qui ne ferme que deux jours par an, est aussi d'être accessible à tous, toujours gratuit, et donc de permettre d'y passer plusieurs fois pour observer les jeux de lumière, l'atmosphère sur la place... Car autour, c'est une Rome de ruelles et de placettes animées, quelques-unes recelant des trésors cachés, des églises méconnues des touristes, des statues antiques, comme la récompense de ceux

Ci-dessus :
À Sant'Ignazio, le cycle de fresques d'Andrea Pozzo dédié au fondateur de la Compagnie de Jésus, achevé en 1694, montre parfaitement les artifices de trompe-l'œil utilisés par l'artiste.

Ci-contre :
La façade incurvée de Santa Maria Maddalena, trésor rococo aussi à découvrir pour son intérieur foisonnant et sa sacristie.

Ci-dessus :
L'église Santa Maria sopra Minerva, derrière le Panthéon, est un des rares exemples d'architecture gothique à avoir été conservés comme tels – la plupart ayant subi des transformations postérieures. Pour rehausser cette particularité, la nef centrale a été repeinte au milieu du XIXe siècle, et ses piliers revêtus de faux marbre.

qui se sont aventurés jusque-là. Il en va ainsi de Santa Maria Maddalena, dont la façade tout en plis dessinée par Giuseppe Sardi au XVIIIe siècle illustre à merveille le style rococo qui a suivi l'art baroque. L'intérieur, à ne pas manquer, foisonne de bois dorés et d'angelots sculptés, et cache sans doute une des plus belles sacristies de Rome. À l'est du Panthéon, une autre église, Sant'Ignazio, qui oppose au classicisme grandiose de sa façade une décoration bluffante. Andrea Pozzo, en charge de la décoration en 1684, voit son budget réduit, l'obligeant à renoncer à la coupole qu'il avait prévue. À défaut, il la peint en trompe-l'œil, et l'effet est parfaitement réussi ! C'est aussi lui qui exécute les fresques du chœur et de la nef évoquant la vie du fondateur de l'ordre jésuite, Ignace de Loyola. Enfin, un peu à l'est du Panthéon, c'est la place de Santa Maria sopra Minerva (Sainte-Marie-sur-la-Minerve) qui mérite le détour, avec son éléphant portant un obélisque et son église gothique, la seule de Rome !

LE CAMPO DEI FIORI

Carte postale romaine, avec cette imposante silhouette de Giordano Bruno, statue emblématique du Campo dei Fiori inaugurée non sans passion en 1889 ! Républicains et soutiens du pape se sont écharpés, près de trois siècles après que le philosophe a été brûlé sur la place !

À la Piazza Navona et à la Piazza di Spagna l'éblouissement des fontaines et des *palazzi*, mais au Campo dei Fiori, l'émotion concentrée de l'Italie tout entière ! Celle du quotidien, des étals du marché regorgeant de produits venus de jardins abondants, des vendeurs gouailleurs, des spécialités des régions, des terrasses où savourer, trinquer, regarder le temps passer ! La place, qui tire son nom – littéralement « champ des fleurs » – des prés qui s'y trouvaient avant son réaménagement au XVe siècle, n'a aucune église à faire valoir, aucun monument à la gloire d'un ancien empereur... et pourtant, ici bat le pouls de l'art de vivre à la romaine. L'austère statue de Giordano Bruno, ce philosophe dominicain porté au bûcher par l'Inquisition en 1600 pour ses convictions cosmologiques jugées hérétiques, est presque un hommage aux plaisirs de la chère, à la victoire de la laïcité sur l'Église. Et en mémoire des heures noires d'exécutions capitales, la place est aujourd'hui connue comme celle « de la Tolérance » !

On raconte qu'à la Renaissance, dans les parages, près de 50 000 prostituées vivaient du commerce de leur corps, et il n'y a pas si longtemps, le quartier se faisait encore remarquer pour ses petits trafics. Aujourd'hui, il reste à Campo dei Fiori une atmosphère de bon vivre, un éloge du *slow food* tel qu'il a été initié par les Italiens au milieu des années 1980 à partir du Piémont. Charcuterie réputée, crèmerie, un *forno* célèbre où l'on se presse pour acheter de la pizza à la coupe et des biscuits secs, et des *vinerie*, des bars à vins qui rassemblent touristes et Romains *doc* (d'origine contrôlée !)..., le quartier regorge des meilleures adresses pour satisfaire les palais les plus exigeants. C'est aussi l'illustration de la résistance naturelle de cet art de vivre, qui n'a pas cédé aux sirènes de l'uniformisation du goût. Si le matin, du lundi au samedi, la place est animée et envahie par le marché, elle est aussi entièrement piétonne. Les après-midi et à l'heure de l'*aperitivo*, les terrasses débordent largement des bistrots exigus, et les discussions fusent jusqu'à une heure avancée de la nuit. Les rues adjacentes portent encore la trace de leur histoire, Via dei Giubbonari, Via dei Baullari, dei Cappellari, souvenirs des artisans qui, dans l'ordre, cousaient, fabriquaient des malles ou des chapeaux ! Vers le Tibre, c'est une autre atmosphère, où derrière les hauts murs des *palazzi* se cachent des résidences distinguées.

Merry Christmas

Ci-dessus :
Les appartements richement ornés du Palazzo Spada, magnifique palais construit au milieu du XVIe siècle à deux pas du Campo dei Fiori. Stucs, trompe-l'œil débordant jusque sur la placette où il s'élève : le palais renferme quelques trésors, dont une galerie de Borromini jouant de la perspective et une galerie de peintures des XVIIe et XVIIIe siècles.

Ci-dessus :
Herbes sauvages, innombrables variétés de tomates et de piments, agrumes de Campanie, de Calabre ou de Sicile, petits calamars, crustacés et poissons frais de la mer Tyrrhénienne... le marché qui se tient chaque jour sauf le dimanche sur le Campo dei Fiori n'a rien perdu de son authenticité !

Ci-contre :
Situé juste derrière le Campo dei Fiori, le magnifique palais Farnèse, où siège l'ambassade de France.

BREVETTO

LE CAFÉ À L'ITALIENNE

Il faut avoir fait l'expérience d'un *espresso* bu au comptoir d'un café italien pour comprendre qu'on touche ici à un rituel quasi sacré. Rien qui n'ait l'air plus banal pourtant : payer son café au préalable et échanger le *scontrino*, le ticket, contre un concentré d'arômes brûlant au fond d'une petite tasse. Pour moins d'un euro bien souvent, le café italien reste un des meilleurs du monde, servi serré, à peine plus cher en cappuccino, avec une mousse aérienne. Mais quel est le secret de cet élixir ? Les garçons de café disent qu'ils savent manier ces machines rutilantes mieux que personne et doser le café, fraîchement moulu. Les puristes évoquent l'eau italienne… Le mystère reste entier ! Les connaisseurs l'aiment sans sucre, siroté après un verre d'eau destiné à rincer le palais. Quelques adresses incontournables : à deux pas du Panthéon, Sant'Eustachio et Tazza d'Oro (et leur exceptionnelle *granita* au café avec la chantilly maison !) qui vendent chacun leurs sélections torréfiées à rapporter chez soi. Historique, le Caffé Greco, près de la Piazza di Spagna, qui vit passer Goethe et Stendhal !

DU GHETTO À TESTACCIO EN PASSANT PAR LE TRASTEVERE

Longer le Tibre vers le sud, aller voir « de l'autre côté », et l'on découvre une autre Rome, bucolique, un peu buissonnière, plus populaire et ancrée dans le quotidien. La rêverie surgit à l'ombre des pins parasols, au détour des ruelles ou dans un musée méconnu !

LE GHETTO

À vol d'oiseau, il y a une diagonale entre le bastion de chrétienté et le quartier juif de Rome qui suit presque le cours du Tibre. Le Ghetto, enclave ouverte qui n'a aujourd'hui de ghetto que le nom, reste la plus ancienne communauté juive d'Europe, déjà présente au Ier siècle av. J.-C. Mais il n'en fut pas toujours ainsi, et les mots ont le souvenir de ce qui fut bel et bien un quartier fermé, enserré derrière une enceinte. C'est une décision du pape Paul IV en 1555 qui valut à plusieurs milliers de Juifs de vivre repliés sur 1 hectare. Trois siècles plus tard, en 1848, les murs du ghetto furent abattus, et le ghetto comme tel définitivement voué à disparaître. Mais la communauté juive continua d'y vivre, et c'est pris au piège malgré eux que près d'un millier d'hommes, de femmes et d'enfants juifs furent raflés par les nazis le 16 octobre 1943. Aujourd'hui, de leur présence demeurent des signes discrets, quelques étoiles de David en vitrine, une boucherie kasher, une pâtisserie, des *trattorie* de spécialités dont la cuisine juive romaine gâte les connaisseurs, et surtout l'imposante synagogue-musée sur les bords du Tibre, installée dans une bâtisse orientalisante du début du XXe siècle. Mais autour, l'architecture décousue témoigne de cette histoire mouvementée. On a construit, détruit, plus ou moins restauré, dans un mélange de genres et sans nécessairement songer à l'harmonie du bâti. Mais l'atmosphère qui se dégage du quartier reste harmonieuse, elle, composant sans mal avec les vestiges antiques du portique d'Octavie, offert par Auguste à sa sœur en 23 ap. J.-C., les bâtiments du Moyen Âge ou les *palazzi* décrépits. Il y a aussi la poésie qui sourd de certaines placettes, comme les tortues de bronze qui grimpent sur une fontaine de la Piazza Mattei, peut-être une des plus jolies places de Rome, avec son cadre de *palazzi* jaune ocre et ces figures inattendues qui jaillissent du marbre, sculptées par Taddeo Landini entre 1581 et 1584. Un peu de fraîcheur qui contraste avec l'émotion poignante du long hommage gravé sur une plaque de la Via Caetani, à l'endroit même où le corps de l'homme politique Aldo Moro a été retrouvé le 9 mai 1978, assassiné par les Brigades rouges pendant les années de plomb italiennes. À deux pas, l'animation des quais de l'Isola Tiberina, l'îlot du Tibre, dissipe dans les soirées d'été ces souvenirs des heures noires de l'histoire romaine.

D'une rare délicatesse, la célèbre Fontana delle Tartarughe, la fontaine des Tortues, située sur la piazza Mattei, égaye le Ghetto de son irrésistible fraîcheur ! On raconte que le dessinateur Giacomo della Porta et le sculpteur Taddeo Landini, auraient exécuté ce chef-d'œuvre en une seule nuit. Leur commanditaire, le duc de Mattei, espérait ainsi regagner l'estime perdue de sa famille !

Ci-contre :
Au cœur du Ghetto, au n° 15 de la Via Reginella, se pressaient pendant de nombreuses années les derniers militants de la communauté juive de Rome au Circolo dei Ragazzi del 48. L'association a fermé, demeurent ces traces, ultimes témoignages d'une histoire pluriséculaire.

Ci-dessus à gauche :
Auguste dédia à sa sœur Octavie ce portique encore préservé, qui ouvre l'artère principale du Ghetto, et un théâtre à la mémoire de son neveu Marcello. Achevé en 11, le théâtre accueillait près de 15 000 spectateurs et a sans doute inspiré les concepteurs du Colisée soixante ans plus tard. Au XIIIe siècle, sa reconversion en forteresse pour la famille Savelli l'a préservé de la démolition.

Ci-dessus à droite :
Quelques tables qui débordent sur la rue, des habitués qui dissertent de la vie, du temps, des derniers scores du Calcio… Dans le Ghetto, on trouve encore quelques adresses restées authentiques. Il faut aller à la découverte de la cuisine juive romaine, délices d'artichauts frits, spécialités de poissons (soupe de raie, tourte d'anchois) et côtes d'agneau impeccablement grillées !

LE TRASTEVERE

« De l'autre côté du Tibre », Trastevere, comme « passer de l'autre côté du miroir » ! Pendant des siècles, l'accès à ce quartier excentré de Rome se faisait par l'Isola Tiberina, cet îlot à la forme d'un navire de pierre qui semblait chercher le port et l'accès à la mer ! Si proche, et pourtant si contrasté, le Trastevere est aujourd'hui le lieu de la bohème et de la nuit. Plus bucolique et paisible, il est aussi le quartier préféré de bien des touristes qui cherchent à échapper aux adresses bondées, aux hôtels sans âme. D'où un drôle de métissage, avec des colocations d'étudiants joyeux, des nids romantiques pour amoureux, des Trastévérins pur jus qui pestent contre les changements... et les nuées de voyageurs, qui passent en quelques minutes humer l'air des rues, des places, des quelques églises avant de filer... Ici l'éblouissement est plus ténu, plus intime, il a la couleur des bougainvillées qui dévalent les murs rouges, l'émotion du panorama qui se dégage depuis le Janicule... Point d'avalanches de monuments nobles et de chefs-d'œuvre dits « incontournables » mais des places, des impasses fleuries, des jardins, quelques églises et de bonnes tables, des échanges avec des cuistots ou des commerçants suffisamment inoubliables pour se dire, comme le prétendent les habitants du Trastevere, que là bat *er core de Roma*, le cœur de Rome !

Aux premiers siècles de notre ère, ce sont les communautés religieuses orientales qui y vivaient, Juifs et chrétiens d'Orient, à l'écart de la Rome républicaine et impériale. C'est pourquoi on trouve dans le quartier plusieurs églises bâties sur des sanctuaires paléochrétiens, et même si les traces de cette mémoire sont parfois enfouies dans des cryptes souterraines, elles demeurent émouvantes. Un des exemples de ces superpositions généalogiques se trouve dans le cœur du Trastevere, sur une de ses places les plus animées, carte postale romaine avec sa fontaine et son palais Renaissance à gauche de l'église.

La basilique de Santa Maria in Trastevere a été construite probablement au IIIe siècle et serait l'un des premiers sanctuaires consacrés à la Vierge. Avant son édification, les Juifs se recueillaient en cet endroit où de l'huile aurait jailli – signe précurseur de la venue du Messie ? Aujourd'hui, on entre dans la basilique pour voir ses splendides mosaïques dans l'abside, un chef-d'œuvre voulu par le pape Innocent II au XIIe siècle. Plus tard, en 1291, Pietro Cavallini propose un cycle de mosaïques représentant la vie de la Vierge en six tableaux,

*Ouvert à la fin du XIXe siècle, au moment de la première guerre contre l'Éthiopie, ce café a donné son nom à la rue adjacente, la Via del Moro. Murs décrépits et mobilier ancien, l'atmosphère attachante du lieu tient au miraculeux mélange des genres, un peu à l'image du quartier : à l'heure de l'*aperitivo*, communient ensemble voisins, touristes en goguette, étudiants...*

ANTICO CAFFÉ DEL MORO
FERNET-BRANCA
VIA
DELLA
PELLICCIA
24
WINE BAR
Happy hour (included
Caprese
360 Wines
No Turistic Men
Italian Chef..
Family Staff
Restauran
and
Bar

renouvelant avec audace la tradition byzantine, ne reculant pas devant l'utilisation de la couleur et le jeu des volumes !
En gagnant la Via della Lungara, on parcourt la rue qui reliait autrefois le Trastevere au Vatican, avant que les quais le long du Tibre ne soient construits, pour déboucher sur la Farnesina, petit bijou qui surgit par surprise. Banquier des papes, le Siennois Agostino Chigi commande en 1509 à un de ses compatriotes une « villa de campagne ». Mécène humaniste, amis de tous les grands artistes de l'époque, il charge Raphaël de décorer la villa, véritable joyau de l'art de la Renaissance. Délaissée, rachetée par les Farnèse en 1580, elle connaît ensuite une longue période de déshérence jusqu'à sa reprise par l'État en 1927. L'ouverture des quais a empiété sur les jardins, mais les loggias ont pu conserver leur superbe ! Vertiges de trompe-l'œil, de fresques et de peintures illustrant des épisodes de la mythologie grecque, la villa abrite encore aujourd'hui le cabinet des estampes et l'Académie des Lincei, corps scientifique fondé en 1603.

Ci-dessus :
Si les mosaïques en façade de la basilique Santa Maria in Trastevere aimantent irrésistiblement les regards, l'animation de la place à toute heure empêche la contemplation. Ici on joue au foot, les musiciens de circonstance font roucouler leurs mandolines pour les touristes attablés et les marches de la fontaine servent de point de ralliement !

Ci-dessus :
Parterres de plantes, essences grimpantes et odorantes, le Trastevere a aussi la faveur des habitants qui recherchent un quartier bucolique à deux pas du centre.

Ci-contre :
Commandée par le pape Paul V en 1612, Er Fontanone, la « grande fontaine », vint achever la restauration de l'aqueduc bâti autrefois par l'empereur Trajan. Sculptée dans le marbre, elle célèbre le pape qui a ainsi abreuvé tout le quartier, et fut un modèle pour la fontaine de Trevi.

Ci-dessus :
Le casino blanc de la villa Doria-Pamphili, petit bijou de symétrie auquel répondent les parterres des jardins à la française, immergés dans un parc sauvage de 185 hectares, pinède et champs !

Ci-contre :
La loggia de Psyché à la Farnesina, où les élèves de Raphaël ont représenté, d'après des dessins du grand maître, les amours de cette belle jeune fille dont s'est épris Cupidon, rendant Aphrodite folle de jalousie !

Ci-dessus :
Les bustes des patriotes italiens qui ont combattu pour l'unité italienne alignés sur la promenade du Janicule.

D'un jardin l'autre : voisin de la Farnesina, l'Orto botanico, le jardin botanique, aménagé dans la villa Corsini en 1833, déploie 12 hectares de promenades entre serres tropicales, orchidées, plantes grasses et médicinales, et jardin japonais avec vue sur la ville ! Mais c'est du Janicule qu'on aura le panorama le plus spectaculaire, après une montée qui se mérite ! Au crépuscule, quand la lumière décline et baigne Rome hérissée de dômes dans un ciel rose orangé, il arrive qu'on aperçoive les monts Albains au loin. Cette terrasse, avec son imposante statue équestre de Garibaldi, héros de l'unité italienne, résonne chaque jour, qu'il vente ou qu'il pleuve, d'un coup de canon à midi pile. À l'arrière du Janicule, en gagnant la Porta San Pancrazio, les pentes dévalent vers deux jardins : la villa Sciarra en contrebas, délicieux petit parc méconnu, riche d'essences particulières, et surtout la villa Doria-Pamphili, 185 hectares, probablement le plus beau parc de Rome, avec son *palazzetto* blanc aux volets clos et ses jardins à la française au cœur d'une nature moins domptée !

LE QUARTIER DU CELIO ET SAINT-JEAN-DE-LATRAN

De crainte de paraître redondante, Rome a l'audace de surprendre là où l'on pense pouvoir espérer un répit d'éblouissement ! C'est la sensation qui s'esquisse quand on quitte le Colisée, choc esthétique s'il en est, et qu'on aborde le Celio. L'immense villa Celimontana surgit comme une oasis. Là où d'anciennes vignes étaient plantées, les ducs de Mattei aménagent en 1553 des jardins à l'italienne. C'est l'un des parcs les plus romantiques de la capitale et un havre d'ombre en été... Sous les pins, on songe qu'on est très loin du chaos citadin. C'est sans doute ce qu'il faut avant que les yeux soient à nouveau baignés des scintillements des mosaïques de San Clemente et par l'entrelacs infini des matières et des formes qui tourbillonnent du pavement à la nef. Cette basilique témoigne, une fois de plus, du « vampirisme » de l'architecture romaine, qui a su tirer de chaque époque le meilleur, le réinterprétant. Et l'harmonie qui se dégage de ce cumul inouï de strates n'en est que plus miraculeuse ! Fondée sur d'anciens édifices romains à la fin du IVe siècle, l'église paléochrétienne a ensuite été saccagée par les Normands, puis reconstruite au XIIe siècle, remaniée à l'âge baroque... et en 1857, on redécouvre les premières fondations ! Cet extraordinaire feuilleton à rebondissements se décrypte dans chaque espace. Au sous-sol, le cycle de fresques médiévales qui illustre le miracle de saint Clément se déroule comme une bande dessinée. Plus bas encore, on accède aux vestiges antiques, dont le mithraeum témoigne du culte à Mithra, religion orientale de la Lumière. Au rez-de-chaussée, l'abside brille des ors de la mosaïque datant du XIIe siècle, *Le Triomphe de la Croix*, où douze gracieuses colombes représentent les apôtres. Nouvel éblouissement, plus à l'est, au cœur d'un quartier resté populaire, l'inoubliable façade de San Giovanni in Laterano, Saint-Jean-de-Latran : ses quinze statues colossales signent le souvenir d'une époque où la basilique était la première cathédrale de Rome, avant Saint-Pierre, et où les papes avaient leur palais jusqu'à leur installation en Avignon au XIVe siècle. À l'intérieur, vertiges de stucs, de marbres, de fresques et de dorures que le passage au cloître du XIIIe siècle vient instantanément apaiser !

Double page précédente :
Rome hérissée de coupoles, de toits de tuiles et de toits-terrasses. À droite, colossal autel de la Patrie, destiné à célébrer les cinquante ans de la jeune République italienne en 1911. Inséparables de la ville, les pins parasols qui piquettent partout l'horizon.

Page de droite :
Le long de la nef centrale de la basilique Saint-Jean-de-Latran alternent des piliers de marbre gris percés de niches où ont été placées douze statues colossales des apôtres. Celle de saint Matthieu, ici, a été sculptée par Camillo Rusconi en 1715.

Ci-contre :
L'extraordinaire vertige des mosaïques du Triomphe de la Croix, *couleurs sur fond d'or, qui ornent l'abside de la basilique San Clemente, chef-d'œuvre de l'école romaine du XIIe siècle.*

Ci-dessus, à gauche et à droite : L'intérieur et le cloître de la basilique Saint-Jean-de-Latran. Contraste entre le mélange des époques et des styles d'un côté, plafond Renaissance et nef baroque, et le raffinement frais de colonnettes jumelées incrustées de mosaïques de l'autre ! On doit à Pietro Vassalletto puis à son fils ce gracieux chef-d'œuvre du XIIIe siècle.

TESTACCIO

Pendant des décennies, Testaccio a été un secret bien gardé des Romains. La vie s'écoulait paisible, véritablement quotidienne, entre ces immeubles d'habitations populaires et les abattoirs qui avaient donné du travail au voisinage. Cette colline qui n'avait rien de naturel, formée sur des tessons d'amphores accumulés pendant des siècles (oui, une décharge en somme !), est devenue depuis vingt ans un quartier frais, énergique, où artistes et clubbers cohabitent avec les anciens riverains. Les abattoirs ont fermé, remplacés par des marchés alternatifs et une annexe du musée d'Art contemporain Macro, aménagée dans les anciennes brasseries Peroni du quartier Nomentano. Testaccio devient un quartier laboratoire, où l'on expérimente de nouvelles manières de consommer, plus écologiques et équitables. Mais rien ne laisse présager cette modernité quand on entre dans Testaccio par sa voie monumentale : rien de moins qu'une pyramide ouvre le quartier ! Construite au début de la Via Ostiensis, d'où partait la route vers le port maritime d'Ostie, elle semble un brin décalée, comme pour signaler qu'ici rien n'est conforme à ce qu'on a pu voir auparavant à Rome. Héritée de la passion égyptomaniaque des anciens Romains au moment de la conquête de l'Égypte en 30 av. J.-C., elle est néanmoins bien moins haute que ses modèles des bords du Nil avec ses 36 mètres de maçonnerie recouverte de dalles de marbre blanc. Mais elle a ceci de commun avec les pyramides égyptiennes d'être un tombeau, celui de Caius Cestius, magistrat mort en 12 avant notre ère. Elle veille aussi sur le cimetière *Acattolico* voisin, premier à avoir été concédé par les papes pour des non-catholiques étrangers. Y reposent le fils de Goethe, le poète Shelley, qui s'est noyé dans le golfe de La Spezia un an après la mort de son ami Keats en 1821, lui aussi inhumé ici, et le fondateur du Parti communiste italien, Antonio Gramsci. Mais enfin, la surprise la plus inouïe du Testaccio est aussi sans doute une des plus méconnues, y compris des riverains eux-mêmes. La Centrale Montemartini, une ancienne centrale électrique municipale datant de 1912, accueille depuis 1997 une annexe des Musées capitolins. Merveille d'espace, déserté des touristes, où tuyauteries et engrenages rivalisent pour détourner l'attention portée aux antiques, 400 pièces à la gloire de l'hellénisme ainsi que des mosaïques romaines exceptionnelles datant du Ier siècle de notre ère.

Quand l'archéologie industrielle épouse l'antique ! Inattendue ici et pourtant si bien mariée, la collection de la Centrale Montemartini issue des Musées capitolins délivre au cœur d'un espace de fer qui semblait n'attendre qu'elles des statues représentant empereurs, dignitaires et notables romains.

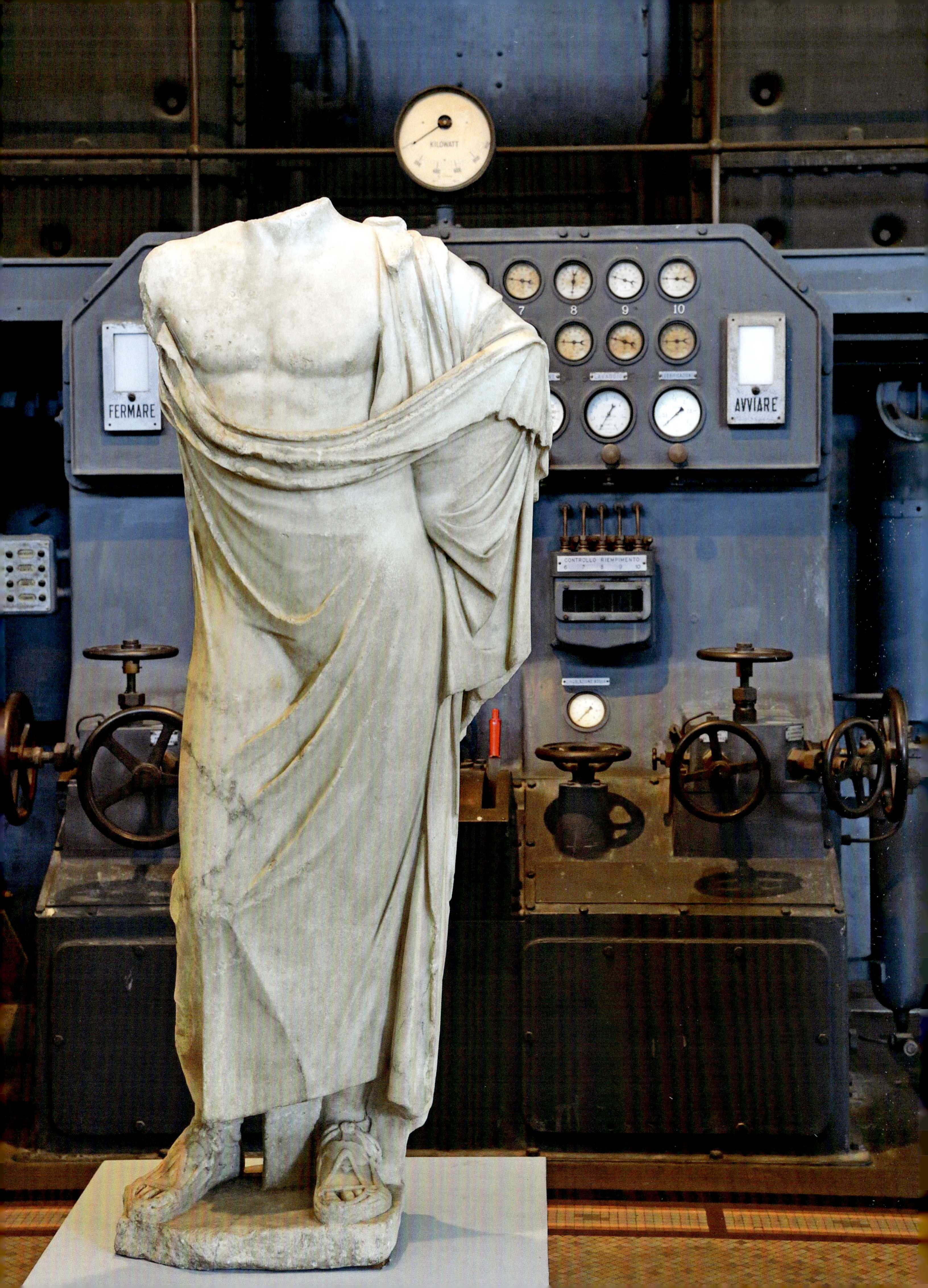
KILOWATT
FERMARE
AVVIARE
7
8
9
10
CONTROLLO RIEMPIMENTO

Ci-dessus :
À Testaccio, des monuments semblent immuables, comme la pyramide de Cestius.

Ci-contre :
Au marché couvert de Testaccio installé dans un nouvel espace, l'animation de la vie quotidienne. Moins authentique qu'autrefois, il reste néanmoins très fréquenté des riverains et des amateurs de bonne chère, venus s'approvisionner en produits locaux bien élevés !

Ci-dessus :
Sous les pins, les cyprès et les glycines du cimetière des Anglais reposent les âmes apaisées des poètes Keats et Shelley, morts à un an d'écart, en 1821 et 1822, le premier d'une tuberculose dont il espérait réchapper, l'autre noyé. Sur la stèle de Keats, cette épitaphe : « Ici repose quelqu'un dont le nom était gravé sur l'eau. »

L'AVENTIN

Rien aujourd'hui, dans les allées du parc des Orangers ou dans la quiétude des églises primitives de Santa Sabina et Santa Prisca, ne renseigne sur les origines plébéiennes de l'Aventin, quand la colline servait de refuge à toute une population d'artisans et de petits commerçants entrés en résistance contre l'injustice de la classe dominante. D'ici ils obtinrent la reconnaissance de l'égalité juridique de tous les citoyens au IVe siècle. Dès lors, ils s'en allèrent là où leurs affaires les appelaient, plus près du Tibre et du port de l'Emporium. Les aristocrates qui s'y installèrent ensuite n'en sont jamais partis, et l'Aventin demeure un des beaux quartiers de la capitale, mais sans clinquant ni exubérance, si ce n'est celle des pins parasols séculaires. De la terrasse du parc, on a probablement le plus beau panorama sur Rome au crépuscule. Et en resserré, comme par magie pour les touristes qui se pressent nombreux à la porte du prieuré de la place des Chevaliers-de-Malte, surgit le dôme scintillant de Saint-Pierre par le trou de la serrure !

BVRGHESIV ROMANVS PONT MAX AN MDCXII PONT VII

LE VATICAN

Du haut des musées du Vatican, on envisage avec stupeur la surface de cet État, le plus petit d'Europe avec 0,44 km^2, rapportée à l'influence de son plus éminent représentant, le pape, qui s'étend quasi universellement ! Extraordinaire concentré d'art et de ferveur mêlés, le Vatican est un monde à lui seul !

LA BASILIQUE SAINT-PIERRE

Si les morts pouvaient parler... Si le Bernin pouvait exprimer quel était son projet, les heures tendues d'intelligence et de génie mises au profit de cette commande du pape Alexandre VII en 1656, on comprendrait quel non-sens représente cette Via della Conciliazione voulue par Mussolini en 1940, qui, bien que spectaculaire, ne dit rien des intentions de l'artiste du XVIIe siècle. Car en dégageant la vue qui happe le regard tout droit tendu vers la place et la basilique Saint-Pierre depuis les rives du Tibre, elle nie le projet initial, qui était de faire sinuer le promeneur, un pèlerin souvent, dans un lacis de ruelles qui débouchait soudainement sur la place, dans l'émerveillement de cette apparition ! Il reste néanmoins la grandeur exponentielle de ce décorum, où l'émotion est de plus en plus forte à mesure qu'on approche de la scène ! Et quelle scène ! D'ici, la façade grandiose de la basilique semble surgir en volume, diminuant presque l'apparition du dôme, véritable phare dans la ville, bien souvent visible à plusieurs kilomètres ! Car ce parvis a tout d'un gigantesque théâtre ovale où rien n'a été laissé au hasard, et le talent du Bernin fut de faire fi des contraintes qui lui avaient été imposées, voire d'en jouer : ainsi de l'obélisque du cirque de Néron, dressé sur la place depuis 1586, et l'obligation de concevoir un espace d'où le pape, depuis sa loggia, serait toujours visible des fidèles rassemblés. Nécessaire aussi, la large et quadruple colonnade qui laissait passer les processions liturgiques et les carrosses tout autour. Enfin, pour mieux asseoir le symbole de l'Église accueillante, la place s'ouvre comme une immense ronde où 140 statues de saints souhaitent la bienvenue aux pèlerins.Aujourd'hui, la place Saint-Pierre reste ce cœur battant de la chrétienté, foulée chaque année par plus de six millions de pèlerins et de touristes. Nombreux sont ceux qui s'y pressent lors des bénédictions du pape *urbi et orbi*, chaque dimanche à midi quand il se trouve à Rome, mais la basilique et le parvis valent aussi pour leur patrimoine unique. Sa très longue édification, sur mille cinq cents ans, reflète les enjeux de pouvoir, les épreuves, les aléas de l'histoire qui ont compliqué l'érection de ce bâtiment mais

Double page précédente :
Édifié par l'empereur Hadrien, le pont Saint-Ange, qui aligne dix statues sculptées par le Bernin tel un chemin de croix, est un témoignage de la manière dont les monuments antiques ont été adoptés et adaptés aux us et coutumes des temps.

Page de droite :
Cent dix gardes suisses, voici l'effectif de l'armée du Vatican, la plus petite au monde, et la plus ancienne aussi. Chargés de veiller à la sécurité du souverain pontife depuis 1505, ils sont encore aujourd'hui d'irréprochables célibataires suisses de moins de trente ans.

l'ont aussi rendu si singulier. En 313, Constantin, premier empereur chrétien, avait voulu bâtir une église sur la tombe de l'apôtre Pierre. Mille ans durant, cet édifice paléochrétien a été le cadre des grands couronnements, immense bâtisse ornée de mosaïques. Et pourtant, quand les papes reviennent d'Avignon au XVe siècle après le Grand schisme d'Occident, l'église tombe en ruine. Jules II (1503-1513) mandate alors Bramante pour sa reconstruction. L'architecte s'inspire du Panthéon pour la coupole, et propose un plan en croix grecque. Michel-Ange reprend le projet, modifie le plan, redessine la coupole... mais meurt avant de l'avoir achevée, en 1564. Finalement, Contre-Réforme oblige, on opte pour un plan en croix latine, susceptible d'accueillir plus de fidèles, et c'est Carlo Maderno qui conclut le grand œuvre, changeant aussi la façade. Vingt pontificats et une dizaine d'architectes plus tard, Saint-Pierre est enfin inaugurée le 18 novembre 1626, à l'occasion du 1 300e anniversaire de l'église consacrée par Constantin. Le Bernin, venu apporter la « touche finale », attire tous les regards avec son

Ci-dessus :
Protégée par une vitre depuis qu'un déséquilibré l'a mutilée dans les années 1970, la Pietà *de Michel-Ange est le plus précieux joyau sculptural de la basilique. Le maître avait pour consigne de réaliser « la plus belle œuvre en marbre existant à Rome ». Sa signature, la seule qu'il ait laissée sur une de ses sculptures, est gravée sur le manteau de la Vierge.*

Ci-dessus :
Pensés pour l'éternité ou presque, le pavement et la décoration de la basilique Saint-Pierre ont été soigneusement choisis pour leur durabilité. Marbres polychromes quasiment travaillés comme de l'opus sectile (marqueterie) et mosaïques ont été préférés aux tableaux de grands maîtres, trop fragiles.

baldaquin haut de 29 mètres qui surmonte l'autel pontifical au-dessus du tombeau de saint Pierre, à l'aplomb de la coupole ! Le bronze dans lequel il est coulé a été pillé au Panthéon, provoquant cette raillerie devenue célèbre : « Ce que les Barbares n'ont pas fait, les Barberini l'ont fait » (du nom de famille d'Urbain VIII, commanditaire du baldaquin). Au Bernin encore, la charge d'exécuter la décoration de l'abside, avec la chaire-reliquaire de saint Pierre, soutenue par les statues des Pères de l'Église et surmontée d'une énorme gloire où rayonne la colombe du Saint-Esprit. Exubérant spectacle baroque à la gloire de l'Église et de ses plus nobles représentants sur Terre, les apôtres et leurs successeurs, les papes ! Il réalise pour eux deux monuments qui feront date et nourriront l'inspiration de bien des artistes : un tombeau pour Urbain VIII, dans l'abside encore, et une pièce pour Alexandre VII, débordante de plis de marbre où la mort en personne, munie d'un sablier d'or, vient chercher le pape – dans le transept gauche. Étourdissant ! Et néanmoins, cette superposition de matières et de

formes – marbres polychromes, mosaïques, stucs et dorures – parvient à adoucir les dimensions colossales de la basilique, la plus vaste de toute la chrétienté. Tout est à sa place, dans une scénographie parfaite. Et tout a été prévu, cette fois, pour assurer la pérennité de ce décor, peu de toiles par exemple, seulement des matériaux destinés à atteindre l'éternité ou presque ! Parmi les quelques rares œuvres qui ont précédé la reconstruction et qui ont été préservées, la *Pietà* de Michel-Ange, incontestable chef-d'œuvre qui avait été commandé à l'artiste en 1498 lors de son premier séjour à Rome pour célébrer le jubilé de 1500. D'un réalisme troublant et néanmoins sublimé, cette statue est la seule signée par le maître, irrité, dit-on, qu'on ait pu penser qu'il n'en était pas l'auteur ! Antonio Canova est l'autre artiste à avoir laissé son empreinte, plus tard, au tournant du XIXe siècle, en sculptant le tombeau de Clément XIII dans le transept droit et ceux des Stuarts au début de la nef centrale. Avant de sortir, un escalier mène à la coupole, d'où Rome tout entière semble prosternée au pied de la basilique.

Ci-dessus :
La coupole de Saint-Pierre, scintillante d'incrustations d'or et de couleurs, aspire le regard jusqu'à son sommet, à plus de 136 mètres de hauteur. Conçue par Bramante sur le modèle du Panthéon, elle est ensuite dédoublée par Michel-Ange, qui superpose deux coques posées sur un tambour à seize piliers tout en légèreté !

Ci-dessus :
Ce grand théâtre de colonnades qui borde la place Saint-Pierre atteste le génie du Bernin, qui a su composer avec toutes les contraintes qui lui furent imposées par le pape Urbain VIII. En exaltant la façade de Maderno, elle unifie aussi ce décor qui pâtissait jusque-là de l'irrégularité des bâtiments alentour.

Double page suivante :
À l'intérieur de la basilique, le baldaquin du Bernin est inondé de lumière sous la coupole.

GNI CAELORVM TV ES PETRVS
C VNA FIDES
MVNDC

LES PALAIS ET LES JARDINS DU VATICAN

Les jardins du Vatican, qui s'étagent en pente douce sur 16 hectares à l'arrière de la basilique Saint-Pierre, représentent à eux seuls un tiers de la cité pontificale ! Si à leur création, au XIIIe siècle, ils étaient voués à l'agriculture, ils sont désormais destinés à la promenade, d'où surgit le dôme de Saint-Pierre derrière les massifs taillés à l'italienne.

Le Vatican, le plus petit État du monde, n'abrite pas moins de dix musées ! Dix musées aux collections uniques, rassemblées par les papes dans les palais qu'ils firent construire après leur retour d'Avignon au XVe siècle. Les premiers, Nicolas V, puis Sixte IV (qui laisse son nom à la fameuse chapelle Sixtine) et enfin Jules II, pape bâtisseur qui est aussi à l'origine de la reconstruction de la basilique, ont chacun des ambitions pour agrandir et embellir ces palais. Le dernier est l'initiateur des deux joyaux vers lesquels accourent les visiteurs du monde entier : les chambres de Raphaël et le plafond peint de la Sixtine, confié à Michel-Ange.

Mais il serait trivial de résumer les musées du Vatican à ces deux merveilles, qui bien qu'éblouissantes, ne doivent pas éclipser les chefs-d'œuvre dispersés dans d'autres ailes, qui peuvent assouvir la curiosité de tous, amateurs d'art égyptien ou étrusque, de statuaire antique, de tapisseries flamandes, de cartes géographiques, et enfin et surtout les 460 tableaux de la pinacothèque, qui couvrent sept cents ans d'art pictural, du XIIe au XIXe siècle !

La promesse d'une visite des jardins, elle aussi incontournable, devrait donner de l'élan aux visiteurs impatients ou fatigués. Bien des touristes les négligent, ce qui a la vertu de rendre la promenade encore plus bucolique et romantique. Car oui, pour le reste, ces musées sont bondés à toute heure, et les files d'attente souvent longues avant même l'ouverture de la billetterie... Mais une armada d'agents et de gardiens est au service des touristes, facilitant les accès, tempérant les enthousiasmes... car ici, la beauté s'admire en chuchotements !

Ainsi, même si les indications fléchées permettent de gagner plus vite la chapelle Sixtine, il faut s'économiser et accepter de se perdre dans ce qui prend parfois les atours d'un labyrinthe. Chateaubriand, nommé ambassadeur de France à Rome en 1828, écrivit dans ses *Mémoires* : « Je m'égare dans les musées de ce Vatican aux onze mille chambres et aux dix-huit mille fenêtres. Quelles solitudes de chefs-d'œuvre ! » Ces explorations mènent toutes, tôt ou tard, aux *stanze*, les chambres de Jules II décorées par Raphaël – et par ses élèves après sa mort en 1520. Les fresques les plus connues, dans la chambre de la Signature, sont les premières auxquelles il s'attela. Ici un conseil se rassemblait pour signer les documents officiels, et Raphaël tint à y représenter les principaux domaines de la connaissance : sous la voûte, les allégories de la Théologie, de la Philosophie,

de la Poésie et du Droit. *L'École d'Athènes*, qui illustre la sagesse antique, figure un débat entre les plus grands philosophes grecs : Platon, Aristote, Héraclite... tous peints sous les traits des contemporains de Raphaël (Léonard de Vinci, Michel-Ange, le Pérugin...). La chambre d'Héliodore, où étaient accordées les audiences privées, célèbre sur ses murs la toute-puissance de l'Église toujours protégée par Dieu. Enfin, les deux autres chambres, celles de l'Incendie du Borgo et de Constantin, ont été décorées partiellement par le maître, et achevées par ses élèves à partir de ses dessins.

Cet éblouissement de couleurs et d'intelligence est le préambule à l'émotion qui étreint ceux qui découvrent la chapelle Sixtine. Imités et presque trivialisés à force d'être déclinés partout, les « motifs » les plus connus de cet extraordinaire plafond suscitent ici une ivresse joyeuse, qui tient en partie à la surprise de taille que réserve l'espace : longue de 40 mètres sur 13 de large, la chapelle forme un rectangle coiffé d'une voûte de 1 000 mètres carrés ! Sur les murs latéraux, les meilleurs artistes

Ci-dessus :
Vu depuis les étages des musées du Vatican, l'État pontifical se laisse embrasser dans toute sa noblesse de jardins et de palais. Au centre, le gouvernorat du Vatican, édifié dans les années 1930, et à gauche, la gare d'où s'élance encore le train qui relie Saint-Pierre à Castel Gandolfo, résidence d'été du pape.

Ci-contre :
La Création d'Adam, *fresque de la voûte peinte par Michel-Ange dans la chapelle Sixtine, est probablement la plus connue de toutes les scènes de la Genèse, illustrant ce verset : « Dieu créa l'homme à son image, à l'image de Dieu il le créa. » Le souffle de vie se fait par ce contact ténu entre le doigt du Créateur et celui d'Adam.*

Ci-dessus :
L'escalier hélicoïdal des musées du Vatican, attribué à tort à Bramante, ne date que des années 1930. Merveille d'ingéniosité à double hélice, il permet aux visiteurs de monter et de descendre sans se croiser.

Ci-contre :
Les loges de Raphaël, dont il réalisa les dessins des fresques et du pavage après avoir été nommé architecte du Vatican en 1514.

Ci-dessus :
La salle de la Rotonde du musée Pio-Clementino, qui rassemble les plus belles collections d'antiques. Au sol, une mosaïque du IIIe siècle a été recomposée, et dans les niches, trônent des statues colossales, dont l'Hercule en bronze doré retrouvé près du Campo dei Fiori.

convoqués par Sixte IV en 1477 racontent la vie de Moïse, parabole de celle du Christ. Des portraits des 28 premiers papes surmontent les scènes. Charge à Michel-Ange, entre 1508 et 1512, de progresser sur la voûte en illustrant neuf épisodes de la Genèse, mais d'orner aussi les voussures, les angles, les pendentifs d'histoires bibliques et de portraits des sibylles et des prophètes. Enfin, *Le Jugement dernier*, son grand œuvre, est le dernier décor peint à la Sixtine, entre 1536 et 1541, où l'artiste témoigne aussi des vicissitudes traversées par la ville depuis le sac de Rome dix ans plus tôt, en 1527. On lui demande aussi de couvrir les nus, ce qu'il esquive, mais pour que la morale soit sauve, Daniele da Volterra sera chargé de ces retouches (« les draperies de pudeur ») après la mort du maître en 1564. Il en gardera pour la postérité le surnom de « Braghettone », le « grand culottier ».
Encore un effort, avant de gagner les jardins, pour découvrir les chefs-d'œuvre du Quattrocento à la Pinacothèque – Giotto, Fra Angelico, Melozzo da Forlì et le Pérugin – ainsi que les trésors de la peinture religieuse du XVIIe siècle ! Que de beauté !

LE CHÂTEAU SAINT-ANGE

Rougeoyant dans le crépuscule, la silhouette ronde du Castel Sant'Angelo, le château Saint-Ange, que domine l'archange Michel, sculpté dans le bronze en 1753, est une des vues classiques de Rome, un passage obligé entre la ville et Saint-Pierre, presque un point de contact entre deux mondes séparés. Si le bâtiment a les allures massives d'une forteresse, c'est pour mieux protéger le faste de ses appartements. Car ici des papes ont élu domicile entre le XVe et le XVIIe siècle, couvrant les murs de fresques et aménageant des loggias qui menaient au Passetto, ce passage bâti au XIIIe siècle qui reliait directement le château au Vatican et qui permit à bien des pontifes de s'enfuir !
Ces aménagements suscitent encore l'étonnement quand on découvre l'histoire mouvementée du bâtiment, couloir après couloir, et au sortir des escaliers en colimaçon qui grimpent jusqu'à la terrasse sur le toit. D'abord mausolée pour l'empereur Hadrien et les successeurs de sa lignée (les Antonins et les Sévères, jusqu'à Caracalla) depuis 134 de notre ère, il passe de forteresse à prison au Xe siècle et à nouveau bastion que se disputent les grandes familles romaines, persuadées que c'est par là qu'on tient aussi la ville. Au XVe siècle, le château devient propriété des papes, qui conservent sa fonction militaire pour protéger l'accès au Vatican, mais l'embellissent aussi en le dotant de somptueux appartements. Du sommet se dégage un des plus beaux panoramas sur la ville : Saint-Pierre à l'ouest, le Janicule au sud et le centre historique qui court jusqu'à la villa Borghèse, et qui permet aussi de comprendre la position stratégique du bâtiment.
Inséparable du château, le pont qui relie le centre historique au Vatican – en tout cas une de ses entrées les plus spectaculaires, comme un cordon ombilical entre les deux territoires. Déjà construit sous Hadrien, ce pont devint aussi la voie d'accès privilégiée des pèlerins pour se rendre à Saint-Pierre, prolongée ensuite par la rectiligne Via della Conciliazione. C'est pourquoi les papes ont eu à cœur de l'orner, le dotant des statues des saints patrons de Rome, Pierre et Paul, dès 1530. Plus tard, Clément IX commande au Bernin un chemin de croix, dix sculptures d'anges entourés des symboles de la Passion, sculptées par le maître et ses élèves entre 1667 et 1669.

Double page précédente :
Depuis la basilique Saint-Pierre, la vue sur le parvis dévale tout droit la Via della Conciliazione vers le pont Saint-Ange. Conçue pour accueillir 30 0000 personnes, la place est bordée par un cordon de 140 statues postées à 20 mètres de hauteur qui semblent monter la garde.

Page de droite :
Contraste fort entre les sous-sols aux allures de bastion médiéval, avec des geôles qui ont subsisté jusqu'en 1870, et les appartements presque baroques, quelques étages plus haut ! La visite laisse aussi découvrir une collection d'armes et d'art ancien, témoignage de l'histoire chaotique du bâtiment.

Ci-dessus :
L'image idéale du pont Saint-Ange à la tombée du jour, quand les vendeurs à la sauvette l'ont déserté et que le château fait rosir les sculptures du Bernin (des copies !).

Ci-contre :
Une des nombreuses bancarelle qui envahissent les parages du château Saint-Ange jusqu'aux berges du Tibre à la belle saison.

Ci-dessus :
La salle Pauline est probablement la pièce la plus fastueuse du château Saint-Ange. Les fresques, exécutées par Perino del Vaga et ses élèves entre 1545 et 1547, représentent en parallèle la vie de saint Paul et celle d'Alexandre le Grand, écho au commanditaire, le pape Paul III Farnèse dont le prénom de naissance était… Alexandre.

CASTEL GANDOLFO

Aussi inouï que cela puisse paraître, la propriété extraterritoriale de Castel Gandolfo, mieux connue comme la résidence d'été du pape, est plus vaste que le Vatican lui-même – 55 hectares contre 44. Officiellement cédé par l'État italien au Saint-Siège dans le cadre des accords du Latran en 1929, cet écrin bucolique à une heure de train de la gare du Vatican est fréquenté par les papes depuis des siècles. Urbain VIII (1623-1644) fut le premier pontife à profiter de ce voluptueux site de villégiature et Benoît XVI, qui y passait de longues semaines, le dernier. François, le pape actuel, peu prompt à prendre des vacances, a renoncé à y séjourner, mais pour valoriser la tradition d'hospitalité de l'Église, il a ouvert la villa au public. À découvrir, le palais apostolique et son étonnante galerie de portraits des papes, le panorama somptueux depuis la terrasse et surtout les jardins : alternant parterres taillés à l'italienne, fontaines et bassins de nymphéas bordés de lignes de cyprès, la nature y est aussi exubérante que destinée à transcender la foi et la grandeur de Dieu !

EGATORI
PERFEC
POSITIS SIGNIS ET

CLEMENS XII · PONT · MAX ·
AQVAM VIRGINEM
COPIA ET SALVBRITATE COMMENDATAM
CVLTV MAGNIFICO ORNAVIT
ANNO DOMINI MDCCXXXV · PONTIF · VI ·
BENEDICTVS XIV PON · MAX

DE LA FONTAINE DE TREVI À LA VILLA BORGHÈSE

Un triangle et un poumon vert : voilà à quoi ressemblent, sur un plan ou vu du ciel, les quartiers qui vont de la colline du Quirinal à la Piazza del Popolo, adossés sur le flanc droit aux luxuriants jardins de la villa Borghèse. Exubérants jusque dans leurs fontaines et leurs places grandiloquentes !

LE QUIRINAL ET LA FONTAINE DE TREVI

Le Quirinal est une colline qui a fait l'objet de grands travaux d'urbanisme à deux époques cruciales de l'histoire de la ville : sous l'Antiquité, dès les prémices de l'histoire de Rome comme cité, et plus tard, au XVIe siècle, sous l'impulsion des papes bâtisseurs qui remodèlent entièrement le quartier. La colline de Quirinus, qui donne son nom au Quirinal, avait été choisie par les Sabins, futurs alliés de Romulus. Dès les premiers temps, on bâtit sur ces hauteurs des sanctuaires : à Quirinus, dieu guerrier associé à Mars et Jupiter, mais encore à Sérapis, à l'initiative de Caracalla. Villas et jardins s'étendent, puis on aménage aussi des thermes, dont ceux de Dioclétien, à la fin du IIIe siècle, inspirés de ceux de son prédécesseur, Caracalla, mais encore plus fastueux. Pillés, réaménagés, ils se visitent encore et leur histoire se lit dans le musée qui leur est dédié et dans les volumes et les matériaux de l'église Santa Maria degli Angeli (Sainte-Marie-des-Anges) adjacente. Après les mornes années d'abandon du haut Moyen Âge, on doit au pape Sixte V (1585-1590) d'avoir restructuré le quartier, perçant de larges avenues qui aèrent et requalifient l'espace, reliant les jardins de la villa Borghèse et la basilique Santa Maria Maggiore, Sainte-Marie-Majeure. Des obélisques sont dressés aux carrefours stratégiques, attirant les regards sur les nouvelles perspectives ouvertes. Héritier des travaux engagés sous la Contre-Réforme, tout en grandiloquence baroque, le quartier se caractérise encore aujourd'hui par ses places monumentales, comme celle qui borde le palais du Quirinal, ancienne résidence d'été des papes cédée à l'État italien au moment de l'unité en 1870, et devenue depuis le palais présidentiel. Les grands architectes de l'époque, de Fontana à Maderno en passant par le Bernin, ont travaillé à son embellissement. D'autres encore, comme Borromini, sont engagés sur des chantiers voisins de moindre envergure, mais qui auront marqué leur temps : ainsi de l'église San Carlo alle Quattro Fontane, Saint-Charles-aux-Quatre-Fontaines (édifiée entre 1634 et 1641), où l'artiste semble avoir fait fi des contraintes techniques pour jouer avec les formes sur la façade, tour à tour convexe et concave ! Mais de tous ces monuments, celui qui reflète avec le plus

Double page précédente :
Restaurée à grands frais, la fontaine de Trevi a retrouvé la blancheur immaculée de son travertin en 2015, après plus d'un an de travaux. Elle décline, comme la fontaine des Quatre-Fleuves de la Piazza Navona, qui l'a précédée, l'audacieuse ambition de l'art baroque qui s'est perpétué à Rome au XVIIIe siècle.

Page de droite :
Ce qui frappe encore, à la fontaine de Trevi, c'est l'audace : on reconnaît là l'empreinte du Bernin, initialement convoqué pour le projet, de mêler roches naturelles et sculptures aux lignes souples. C'est finalement Niccolò Salvi qui exécute l'ensemble (1732-1751).

d'éloquence les aspirations de ce temps reste la fontaine de Trevi, et sa blancheur retrouvée après des années de restauration ajoute encore à l'éblouissement truffé de superlatifs qu'elle suscite encore ! Superlative aussi, la foule qui s'y presse, à toute heure, en toute saison. Étape majeure sur les sentiers touristiques, elle attire à elle les superstitieux, qui se plaisent à jeter une pièce par-dessus leur épaule en échange de la promesse de revenir un jour dans la Ville éternelle. Le soir, illuminée, elle est un spectacle d'autant plus saisissant qu'elle convoque instantanément le souvenir d'Anita Ekberg s'y baignant, dans *La Dolce vita* de Federico Fellini (1960). Dans une de ces fourberies que réserve l'histoire, cette fontaine voulue par des papes (Urbain VIII d'abord, puis Clément XII, près de cent plus tard, au mitan du XVIIIe siècle) est aujourd'hui associée à une des plus belles images de sensualité au cinéma ! Si la scénographie est plutôt mythologique (le dieu Neptune qui domine des chevaux marins guidés par des Tritons), il reste que le blason qui chapeaute l'ensemble est bel et bien celui du pape, chaperon éternel de la fontaine !

Ci-dessus et page de droite : Exemple éloquent de l'urbanisme des papes, la place du Quirinal, bordant le palais présidentiel, caractérise aussi une particularité de l'art romain : le remploi de matériaux ou d'éléments de l'architecture antique, comme ici l'obélisque du mausolée d'Auguste, une vasque du Forum et surtout les statues des Dioscures prises aux thermes de Constantin.

1144
1145.
40

LE TRIDENT

Sur un plan, il apparaît sans conteste que c'est un trident, celui qui a donné son nom au quartier, pointé vers la Piazza del Popolo et qui débouche de trois rues mythiques de Rome : la Via del Corso d'abord, où avaient lieu des courses de chevaux et de grandes parades militaires ; la Via di Ripetta, qui rejoint le Tibre, et la Via del Babuino, reliée à la Piazza di Spagna, la place d'Espagne, écrin du quartier. Ici plus qu'ailleurs règne un cosmopolitisme qui tranche avec le caractère particulièrement « romain » du reste de la ville. C'est en grande partie le fruit des grands travaux d'urbanisme du XIXe siècle, attirant dès cette époque les touristes fortunés du Grand Tour, qui viennent occuper ce « ghetto des Anglais », comme on se plaisait à le moquer avec un peu d'envie. L'aménagement de la Piazza del Popolo et du Pincio, la terrasse de jardins qui dévale vers la villa Borghèse, donne le *la* d'une métamorphose des environs, repoussant plus à l'est vers la gare Termini les hôtels populaires pour réserver le quartier aux belles adresses, aux grands palais. Aujourd'hui encore, se mêlent ici touristes et Romains qu'attirent les vitrines luxueuses des rues qui débouchent sur la Piazza di Spagna, ainsi que les nombreuses enseignes internationales de la Via del Corso et de la Via del Tritone. La mode quadrille un triangle somme toute assez exigu, et il n'est pas rare que la place même, avec son escalier théâtral qui mène à l'église de Trinità dei Monti, la Trinité-des-Monts, serve de passerelle aux défilés de haute couture ! On l'admet sans peine : c'est là une des plus belles scénographies de Rome, une de plus ! Lui sont attachées la présence espagnole à Rome, mais aussi française : le nom de la place lui vient de la première ambassade d'Espagne, installée dans la cité en 1674, mais c'est à la France qu'elle doit sa conception, au pied de l'église bâtie en 1502 à la demande du roi Louis XII. Mais la place n'aurait pas cette allure sans l'ample volée d'escaliers baroque qui est comme une aspiration vers les cieux ! Elle se déroule en hauteur devant la Barcaccia, la fontaine en forme de grande barque dont on ne sait qui du Bernin père ou fils l'a exécutée, une fois de plus sur commande du pape Urbain VIII. L'escalier, finalement achevé au XVIIIe siècle, a été financé par Louis XV, mais les papes veillèrent à ce qu'il respecte le pouvoir en place – et donc qu'il n'y ait pas de statue équestre en hommage à Louis XIV, comme le Roi-Soleil l'avait espéré en son temps. Très populaire auprès des Romains, cette « Scalinata » de 137 marches reste un lieu traditionnel de rendez-vous, toujours très animé, fleuri d'azalées

En haut de la « Scalinata », l'escalier qui mène de la Piazza di Spagna à l'église de la Trinité-des-Monts, la récompense est un panorama délicieux sur la ville, un peu à l'écart de l'animation de la place en contrebas et des boutiques qui fourmillent de touristes. Coupoles hérissées, silhouettes de pins et de cyprès qui frôlent le ciel, couleurs ocre, jaunes, roses et brique...

Ci-dessus :
En janvier 1818, le sculpteur Antonio Canova, au sommet de sa gloire, cède son atelier de la Via del Babuino à un de ses meilleurs élèves, Adamo Tadolini. Resté dans cette famille d'artistes pendant quatre générations, il est désormais ouvert au public, avec son étonnante collection de moulages qui servent de décor à un délicieux café !

au printemps. C'est aussi une terrasse sur la ville, puisque depuis les hauteurs, la vue caresse toits et coupoles ! De là-haut, si l'on poursuit la montée vers les jardins du Pincio, on fera d'abord étape à la villa Médicis, siège de l'Académie de France depuis 1803 et installée là sur décision de Bonaparte. Avant de devenir la résidence temporaire de chanceux pensionnaires, des artistes français triés sur le volet en fonction de leurs projets, la villa est née comme une résidence privée, construite en 1564 pour une riche famille toscane. Elle passe ensuite aux mains des Médicis, et c'est ce nom qui a perduré. En façade, l'allure est austère et ne laisse pas deviner la fraîcheur qui se dégage à l'arrière. Tournée vers de magnifiques jardins à l'italienne qui courent sur 7 hectares, une loggia égaie une cour qui donne sur un domaine délicieux ouvert désormais à la visite. Y alternent massifs parfaitement taillés et pins indisciplinés, antiques et collections de bas-reliefs mais aussi un obélisque et le *studiolo*, le cabinet de Ferdinand de Médicis, magnifiquement restauré, qui a révélé des fresques sur tous ses murs,

Ci-dessus :
C'est depuis la Via dei Condotti, rue des griffes italiennes de luxe, que la vue sur la volée de marches qui grimpe jusqu'à l'église de la Trinité-des-Monts est la plus directe ! On a dit de la Barcaccia qu'elle avait des allures de barque échouée. Elle évoque sans doute plus sûrement les fontaines antiques.

dont une stupéfiante volière peinte par Jacopo Zucchi au XVIe siècle. Une seconde pièce exhibe, elle, d'autres fresques tout aussi chatoyantes, illustrant les fables de La Fontaine. Un peu plus loin, une gypsothèque garde à l'abri une riche collection de reproductions en plâtre exécutées par les pensionnaires de la villa. Enfin, c'est à l'un de ses illustres directeurs, Balthus, aux commandes entre 1961 et 1967, nommé par Malraux, que l'on doit le remarquable *Carré des Niobides* du jardin, mis en scène à partir d'un groupe de moulages d'antiques retrouvé dans une réserve. Quant aux pensionnaires, ils couvrent toutes les disciplines artistiques, et les plus célèbres ont fortement influencé l'histoire culturelle de notre pays, de Berlioz à Debussy en passant par Gounod, Bizet, Ingres, Charles Garnier ou Fragonard, et parmi nos contemporains, des écrivains, des plasticiens, des musiciens, des cinéastes, comme Marie NDiaye, Pascal Dusapin, Hervé Guibert, Xavier Beauvois, Yan-Pei Ming, Valérie Mréjen ou Yannick Haenel.

Double page précédente, ci-dessus et page de droite :
La villa Médicis s'épanouit côté jardins, mais aussi dans son palais de la Renaissance. Les appartements de Ferdinand de Médicis laissent entrevoir la magnificence du lieu, qui s'ouvre toujours davantage au grand public, lors de visites guidées mais aussi d'événements culturels.

LA VILLA BORGHÈSE

Des hauteurs du Pincio, ce balcon qui embrasse la Piazza del Popolo dans toute son ampleur, on est d'abord saisi par la beauté du panorama sur Rome, vertigineux de coupoles, de toits à l'infini, d'arbres méditerranéens qui tous rivalisent d'audace et de formes pour attirer l'attention. On peut aussi avoir une pensée, de ces hauteurs, pour l'incroyable talent de l'architecte Giuseppe Valadier, qui a réussi au XIXe siècle la prouesse de faire de cette immense place une composition harmonieuse, évidente : en intégrant à la fois les trois églises existantes, l'arc de triomphe de la Porta del Popolo, entrée monumentale dans la ville percée dans la muraille aurélienne, avec l'obélisque de Ramsès II installé là par Sixte V en 1589 ! Loin d'être dénuée de sens, la place opère une synthèse culturelle idéale pour qui découvre Rome en cet endroit, comme s'il s'agissait en ce lieu de « donner une leçon » d'histoire de l'art romain succincte, parfaite. En 1813, Valadier est chargé par le préfet de Tournon, qui administre la ville au nom de Napoléon, de revoir l'aménagement de la place. Cent cinquante ans plus tôt, le Bernin (encore lui...) avait laissé sa patte sur la porte à l'occasion de la venue triomphale de la reine Christine de Suède en 1655. Mais la mission de Valadier est aussi de résoudre le dénivellement entre la place et le Pincio, et c'est sans doute cette réussite qui parfait l'ensemble. D'un côté la ville, noble, forte, à l'identité bien ancrée, et de l'autre la promesse de la nature, les jardins du Pincio d'abord, prolongés par la villa Borghèse, poumon vert de Rome qui s'étale sur 80 hectares, mais aussi jardins de musées avec trois importantes collections rassemblées par des papes et l'État italien.

Avant de se détourner de la ville, il faut sacrifier aux rituels romains de la place, prendre un *espresso* ou un apéritif dans un des deux cafés qui encadrent le Trident, Rosati ou Canova, qui ouvrent l'accès à la Via del Corso, et le choisir aussi selon sa couleur politique, droite ou gauche ! Et enfin, aux amateurs du Caravage, cette confidence comme un secret : deux de ses plus belles œuvres, de 1601, la *Crucifixion de saint Pierre* et la *Conversion de saint Paul*, se font face dans la chapelle Cerasi à gauche du chœur dans l'église Santa Maria del Popolo. Quant à la villa, elle n'a pas à tricher pour que d'emblée on reconnaisse les intentions du cardinal Scipione Borghèse quand il décide, au début du XVIIe siècle, de construire ici une « villa des délices ». C'était l'usage, parmi les familles fortunées,

L'Enlèvement de Proserpine *(1621), sculpté par le Bernin alors qu'il n'avait pas vingt-cinq ans, est un chef-d'œuvre qui concentre à lui seul toutes les vertus de la sculpture telle que la concevaient les Anciens. Figé dans le marbre, l'instant de terreur de la jeune fille enlevée par Pluton n'a d'égal que l'habileté de l'artiste à rendre avec réalisme les détails de la nature, les plis de la peau, la pression des mains. Sublime !*

Ci-dessus :
Acquis lors de l'Exposition internationale de 1911, Les Trois Âges de la femme *de Gustav Klimt faisait partie d'une rétrospective plus ample de l'artiste au Pavillon autrichien, qu'il avait décoré.*

Ci-contre :
Le temple d'Esculape, sur un îlot du petit lac de la villa Borghèse, destiné à abriter une statue antique du dieu de la Médecine retrouvée près du mausolée d'Auguste.

Ci-dessus :
Musée à ciel ouvert mais surtout parc public immense, la villa Borghèse reste un des lieux de promenade favoris des Romains. En amoureux, pour courir, lire au soleil ou à l'ombre… Le parc est ouvert toute l'année et ne ferme pas le soir.

de se retirer l'été sur les hauteurs ou un peu à l'écart de Rome, pour y respirer, se protéger aussi des piqûres de moustiques à malaria qui sévissaient dès les premières chaleurs. La villa inclut à la fois le *casino*, littéralement « petite maison », qui, en dépit son diminutif en italien, n'a rien de modeste, et la propriété qui l'entoure. Le commanditaire, neveu chéri du pape Paul V, est féru d'art, collectionneur, redoutable mécène au flair implacable. Ses descendants ont poursuivi son grand œuvre, et la Galleria Borghese, rachetée par l'État italien en 1901, compte aujourd'hui parmi les musées les plus importants de Rome. Parmi les joyaux qui y sont conservés, quelques trésors de la sculpture et de non moins nombreux chefs-d'œuvre de la peinture. L'obsédant Bernin est encore largement représenté, et à juste titre, avec deux groupes mythologiques, *L'Enlèvement de Proserpine* et *Apollon et Daphné*, d'une fraîcheur libertine extraordinaire pour l'époque, et tout aussi prodigieux par le raffinement de l'exécution ! Un autre sculpteur, Canova, a immortalisé Pauline Borghèse en Vénus lascive,

mais dans une pudeur retenue par les mœurs de l'époque ! Enfin, la collection rend aussi compte des goûts sûrs et affirmés du mécène, puisque la série de tableaux du Caravage avait été achetée à bon prix alors que personne n'en voulait ; ils forment aujourd'hui une des salles les plus époustouflantes du musée ! Plus loin dans le parc, l'ancienne villa Julia, du nom du pape Jules III qui l'a bâtie en 1551 avant même que Scipione Borghèse ne s'installe en voisin, accueille aujourd'hui le Musée national étrusque et témoigne de la richesse de cette civilisation antérieure aux Romains, installée dans le Latium aux Ve et VIe siècles avant notre ère. La pièce maîtresse, retrouvée dans une nécropole à Cerveteri, est le sarcophage dit « des Époux », représentant un couple uni dans l'amour pour l'éternité. Entre les deux musées, la galerie nationale d'Art moderne est aménagée dans le palais des Beaux-Arts édifié en 1911 à l'occasion du cinquantenaire de l'unité italienne, belle vitrine des mouvements artistiques transalpins des XIXe et XXe siècles.

Ci-dessus :
Quand Scipione Borghèse investit les terrains pour y faire bâtir sa villa, il transforme un vignoble en jardins luxuriants, les plus grands depuis l'Antiquité. Dès son origine, des fontaines constellent le parc, mais celle des Chevaux-Marins, présentée ici, date de 1766.

Ci-dessus et ci-contre :
Les jardins privés du cardinal Borghèse comptaient une orangerie particulière, celle des oranges amères, dite « Giardino dei Melangoli ». Quand ils ont été remaniés au XVIIIe siècle, on a repensé le paysage à l'anglaise, selon le goût en vigueur à cette époque.

Double page précédente :
Vues sur la Piazza del Popolo, avec la montée au Pincio gardée par les Sphinx et la silhouette de Neptune flanqué de deux Tritons.

Ci-dessus :
Via Margutta, qui relie la Piazza di Spagna à la Piazza del Popolo sur les flancs de la colline du Pincio. Depuis le XIXe siècle, c'est le quartier des artistes, qui aimaient s'y retrouver, travailler dans ses nombreux ateliers, exposer et débattre au sein de l'Association artistique internationale. Mais c'est aussi là que vivaient l'actrice Giulietta Masina et son mari Federico Fellini, la comédienne Anna Magnani ou encore le peintre Giorgio De Chirico.

Ci-dessus :
Adossée à la muraille d'Aurélien, l'église Santa Maria del Popolo a été reconstruite au XVIe siècle par les meilleurs architectes de l'époque.

Ci-contre :
L'obélisque de la Piazza del Popolo, dédié à Seti Ier et Ramsès II, a été rapporté par Auguste au moment de la conquête de l'Égypte.

Amos Gitai

LES MUSÉES MAXXI ET MACRO

Situés respectivement au nord et à l'est de la villa Borghèse, dans les quartiers de Flaminio et de Nomentano, les musées MAXXI (pour musée des Arts du XXIe siècle) et MACRO (musée d'Art contemporain de Rome) sont d'épatants gages d'avenir dans une ville qu'on croit, à tort, figée dans son passé écrasant ! La découverte vaut aussi pour le pari architectural, confié à deux femmes audacieuses : au MAXXI, l'impressionnant vaisseau futuriste dessiné par Zaha Hadid (dont on voit ci-contre l'escalier intérieur) ; au MACRO, autour de l'ancienne brasserie Peroni, une aile réhabilitée et investie de fer et de verre par la Française Odile Decq. Les collections et expositions temporaires ne s'interdisent aucune exploration, attirant en dehors des sentiers battus un public tout autant ouvert et enclin à l'expérimentation ! Depuis 2003, le MACRO a aussi déployé une antenne à Testaccio, dans les anciens abattoirs, prolongeant là sa vocation de laboratoire culturel et artistique.

ROME HORS LES MURS

« Hors les murs » signifiait jadis « à l'extérieur de la muraille d'Aurélien », cette enceinte érigée entre 271 et 282. Surgissent des surprises éblouissantes, un quartier ultramoderne et des joyaux de l'Antiquité et de la Renaissance, prolongeant l'éblouissement romain !

L'EUR

À ceux qui pensent que Rome n'est faite que pour la nostalgie, les pierres chaudes de l'Antiquité, les élégances de la Renaissance, l'EUR répond avec une insolence effrontée qu'il est encore le quartier le plus novateur de la péninsule. EUR, acronyme revêche pour l'italien habitué aux mots chantants, abrupte réduction d'Esposizione Universale di Roma, projet colossal rêvé par Mussolini pour célébrer en 1942 le vingtième anniversaire de sa marche sur la capitale. Novateur parce que s'y bâtirent des bâtiments iconiques d'une certaine architecture moderne – fasciste –, aujourd'hui redécouverts et valorisés, mais aussi parce que c'est là encore que Rome fait le pari de l'avenir, du *made in Italy*, de la *smart city* et des nouvelles technologies. Au commencement, en 1935, surgit le désir du gouverneur de Rome, Giuseppe Bottai, de porter pour sa ville un projet d'« Olympiades de la Civilisation ». Le Duce lui emboîte le pas, définit 1942 comme année phare de l'événement. Ce sera plus monumental qu'une exposition universelle, et plus durable aussi. Un territoire de près de 400 hectares est délimité dans le sud de la capitale, reprenant les contours d'un pentagone, évoquant les formes classiques des châteaux de Versailles ou de Marly-le-Roi. *Cardo* et *decumanus* signent son plan, 70 hectares de jardins alternent avec des bassins, et surtout d'imposants bâtiments aux formes novatrices, façonnés par une poignée d'architectes renommés, surgissent, puissants et inédits. Sous la houlette de Marcello Piacentini, le quartier se déplie à partir de deux bâtiments massifs : le palais des Congrès, œuvre de l'architecte rationaliste Adalberto Libera, et le Palazzo della Civiltà Italiana, mieux connu sous le nom de Colisée-Carré, réinterprétation du célèbre monument de l'Antiquité. C'est d'abord cet édifice qui aimante irrésistiblement le regard. Construit en léger surplomb du quartier, il domine l'EUR de son extraordinaire architecture régulière, dont les arcs sont une indéniable référence classique. Il abrite aujourd'hui le siège social de la maison Fendi, qui distille dans ses nombreux étages tous les savoir-faire de sa marque de luxe. Au fronton, cette phrase en lettres de plomb, citation de Mussolini au moment de la conquête de l'Éthiopie, condensé de l'italianité telle que le Duce l'envisageait : « Un peuple de poètes, d'artistes, de héros, de saints, de penseurs, de scientifiques, de navigateurs, de voyageurs. »

Au rez-de-chaussée du Colisée-Carré de l'EUR, 28 statues hautes de 3,40 m et sculptées dans du marbre de Carrare représentent des allégories des vertus du peuple italien. Les nombreux artistes engagés ont livré la moitié des sculptures avant 1942, tandis qu'il a fallu attendre l'après-guerre pour que l'autre moitié soit achevée.

Ci-dessus et ci-contre :
Le palais des Congrès, tout en colonnes et de marbre revêtu, mérite aussi une visite, ne serait-ce que pour les escaliers, le mobilier et les immenses fresques de Severini et de Funi. Ces espaces rivalisent aujourd'hui avec la Nuvola, inaugurée en 2016, et dont la construction pharaonique, confiée à Massimiliano Fuksas, a déchaîné les passions.

Ci-dessus et double page suivante :
Le Colisée-Carré, symbole d'une certaine modernité, qu'un peintre comme Giorgio De Chirico (1888-1978) a transcendée dans ses toiles, reprend à foison ce thème des arcades et les grandes lignes de ce parallélépipède.

VN POPOLO DI POETI DI ARTISTI DI EROI
DI SANTI DI PENSATORI DI SCIENZIATI
DI NAVIGATORI DI TRASMIGRATORI

OSTIA ANTICA

Là où le Tibre s'ouvre comme une main vers la mer, à quelques kilomètres à peine du centre de Rome, émerge d'entre les herbes folles le mirage d'une ville oubliée, plus grande que Pompéi : Ostia Antica semble s'être assoupie paisiblement, comme si progressivement les habitants s'en étaient allés, se détournant de ce qui fut la première colonie romaine, le port de la capitale impériale, une cité qui comptait près de 50 000 résidents au milieu du IIe siècle de notre ère, à l'apogée de son expansion. L'ancienne Ostie (dont l'origine latine, *ostium*, désigne précisément l'embouchure du fleuve) est aujourd'hui le troisième site archéologique le plus visité d'Italie derrière l'indétrônable Pompéi et le Colisée.

Certes, Pompéi a pour elle cette fin tragique qui rend la découverte particulièrement émouvante, mais à bien des égards, Ostie est au moins aussi spectaculaire, elle dont la superficie dépasse même celle de la ville enfouie sous les cendres : 85 hectares contre 66 pour la cité campanienne, dont 33 sont des vestiges dans un état de conservation extraordinaire.

Ici comme à Pompéi, il est possible de percevoir ce qu'était la vie citadine sous l'Antiquité jusque dans ses détails infimes, jusque dans l'intimité des cultes religieux, dans les petites choses du quotidien : acheter sa viande ou son poisson, faire du sport, manger dans une taverne, aller au spectacle, travailler, se laver et même aller aux toilettes... À la différence qu'ici, nous sommes dans un ancien port ouvert sur le monde, la Méditerranée et au-delà, mettant en présence des métiers et des usages particulièrement variés. À quoi correspond une vaste gamme de types architecturaux, qu'il s'agisse de l'habitat résidentiel – des villas aristocratiques aux logements les plus modestes – ou de bâtiments publics. Ces derniers embrassent toute la palette d'équipements possibles : une vingtaine de thermes, un théâtre d'une capacité de 4 000 places, une caserne de pompiers, de vastes entrepôts et moulins, la place des Corporations, point névralgique du commerce, et enfin le Forum, où culminait en un seul lieu le centre politique et social de la cité.

Ostie est née comme un avant-poste militaire au IVe siècle av. J.-C. Elle contrôlait la voie fluviale et l'accès aux marais salants, dont le commerce était un enjeu-clé dans le rapport de forces entre les populations locales : Étrusques, Latins et Romains. Ces derniers ont déterminé la vocation commerciale de la ville, devenue un port à la fin du IIIe siècle av. J.-C. Le blé venu d'Afrique du Nord, de Sicile

Si les cendres du Vésuve ont permis aux fresques de Pompéi de bien se conserver, à Ostie, ce sont les mosaïques qui sont exceptionnelles. Au sol ou sur les murs, elles forment d'éloquents tableaux noir et blanc ou polychromes, comme dans les thermes de Neptune, mêlant Néréides et Tritons, hippocampes et poissons.

Ci-dessus :
Le thermopolium d'Ostie, où l'on pouvait acheter des boissons et de la nourriture à emporter, ancêtre de nos fast-foods !

Ci-contre :
Un tableau délicat en mosaïque de couleur, incrustée de pierres locales. Ces œuvres font l'objet de restaurations régulières et sont protégées l'hiver du gel qui risquerait d'endommager l'émail des tesselles.

Ci-dessus :
À Ostie, l'autre défi consiste à maîtriser la nature, sans quoi au fil des saisons, elle recouvrirait le site. Le désherbage est constamment une urgence, et loin des considérations purement esthétiques, c'est un des moyens essentiels de valorisation des fouilles.

et de Sardaigne était entreposé dans le complexe des *horrea*, qui témoigne de l'importance économique de cette denrée : imposante structure en brique sur deux étages, il communiquait directement avec les moulins qui produisaient de la farine destinée au marché local et à la ville de Rome. Jouxtant cet ensemble, la place des Corporations forme une des étapes spectaculaires de la visite. Désormais bordée de pins maritimes géants, elle accueillait jadis sous son double portique les spectateurs du théâtre voisin en cas d'intempérie ou entre deux représentations... Elle était surtout le lieu où les commerçants, artisans et négociants d'Ostie avaient leurs *stationes*, les bureaux de leurs corporations.
Aujourd'hui, certaines aires ont été récupérées qui n'étaient plus visibles depuis les années 1970. La promenade le long du decumanus s'en trouve ainsi rallongée de plusieurs centaines de mètres. Et de nouvelles campagnes de fouilles continuent d'attiser l'intérêt des chercheurs pour Ostie, elle aussi « ville éternelle », à l'image de sa puissante voisine.

CARDO DEGLI

TIVOLI

Mille cinq cents ans ou presque séparent l'empereur Hadrien (117-138) et le cardinal Hippolyte d'Este (1509-1572), mais quand on découvre la villa Hadriana et la villa d'Este à Tivoli, à une trentaine de kilomètres à l'est de Rome, on songe que ces deux hommes avaient sans doute en commun les mêmes aspirations. Rêves de grandeur et de faste, assurément, pour honorer leur lignée et leur fonction, mais aussi rêve d'enfant, à se dire qu'on créerait là, à l'écart de la capitale, un paysage qui serait à l'image de tout ce qu'on a aimé pendant sa vie. Presque une collection en somme, un carnet de voyage ou un musée à ciel ouvert qui d'emblée dirait l'esthétique, les lieux aimés, les hommages et la trace qu'on souhaite laisser à la postérité.

À la villa Hadriana, l'éblouissement d'un des plus beaux et des plus grands parcs archéologiques d'Italie ! Sur les flancs des monts Tiburtins, l'empereur avait projeté, sur 120 hectares, une résidence d'été où il pourrait retrouver à loisir tous les monuments chers à son cœur. Ceux qu'il avait parcourus lors de ses nombreuses pérégrinations, mais aussi des monuments qui cultiveraient sa nostalgie, qui le consoleraient de deuils prématurés, comme celui de son favori, Antinoüs, mort noyé dans le Nil. Le paysage de la villa se lit alors comme un miroir intime des grands bonheurs et des chagrins de l'empereur, sublimés par une architecture où la nature même, oliviers et cyprès pluriséculaires, devait tendre vers ce désir d'absolu.

L'empereur lui-même dessina les plans de ce qui apparaît comme une petite ville, où tout avait été pensé pour son confort mais aussi celui de ses hôtes, et le service qui leur était attaché. Ainsi des Cento camerelle, les cent « cellules » destinées à la domesticité, alignées à l'entrée du jardin, et aussi les *hospitalia*, dortoirs pavés de mosaïques réservés aux gardes du corps. Mais aussi des thermes, des bibliothèques, un stade, un bassin... C'est évidemment dans le palais impérial que le faste se déploie avec le plus d'audace, si bien que la place en son centre prit le nom de Piazza d'Oro, y compris en raison de la multitude d'œuvres d'art qu'on y retrouva. Marbre et mosaïques du sol aux murs, fontaines, coupole et jeux de lumière... À l'exubérance répondent aussi des lieux plus intimes, comme le théâtre maritime où l'empereur aimait se retirer, et des espaces de promenade, comme le Pécile, ou plus au sud, le Canope, métaphore

Double page précédente :
La promenade à Ostia Antica a ceci d'émouvant que la ville semble s'être assoupie, oubliée des hommes. On retrouve encore des bâtiments à étages, et au pavage millénaire s'opposent les herbes folles et les pins qui habitent le site de toute leur vitalité.

Page de droite :
Les cinq cents fontaines de la villa d'Este surgissent parfois au détour d'une allée, comme celle dite de « Mère-Nature », représentant la déesse de la Fertilité Diane d'Éphèse qui nourrit l'humanité du lait de la sagesse universelle !

Ci-dessus :
L'allée des Cent-Fontaines, symbole de la distance entre Rome et Tivoli. Entre les hauts jets d'eau surgissent les grotesques aux visages drôles ou effrayants, et trois petits cours d'eau évoquant ceux qui naissent dans les monts Tiburtins, affluents du Tibre.

Ci-contre :
Le blason de la famille, alliance des aigles de la maison d'Este et des lys de France, jalonne la villa.

Ci-dessus :
Le mécanisme sonore de la fontaine de l'Orgue, sculptée dans un style prébaroque entre 1568 et 1611, est le prodige d'un Français, Claude Venard. Plus tard, des compositeurs comme Liszt prirent ce jardin comme thème de leurs partitions.

de la Méditerranée qui court autour d'un majestueux bassin ceint d'une élégante colonnade jalonnée de statues et de cariatides.

À cette démesure, la villa d'Este répond avec un jardin foisonnant qui signe un modèle maniériste ensuite imité dans toute l'Europe. L'architecte Pirro Ligorio, mandaté par le cardinal d'Este, est d'ailleurs celui qui a exhumé la villa Hadriana, qui avait subi le même sort que bien des monuments antiques, abandonnés et pillés. Il convertit ainsi un ancien couvent en villa ouverte sur des jardins en terrasses où furent mises à l'épreuve l'ingéniosité et la créativité pour dompter le relief et en jouer. Si les appartements célèbrent la noblesse du lignage dans le faste des décors peints, la vue sur les jardins depuis la loggia à l'arrière de la villa ensorcelle instantanément : la rêverie dévale la pente en un entrelacs de fontaines et de massifs d'où s'échappe le chant des jets d'eau qui a tant fasciné Liszt, Fauré et Ravel. Sur l'allée des Cent-Fontaines, des grotesques couverts de mousse célèbrent joyeusement l'alliance de l'eau, de la pierre et du végétal !

Ci-dessus à gauche et au centre : Long de près de 120 mètres, le Canope est l'hommage rendu par Hadrien à la Méditerranée : les cariatides évoquent la Grèce (référence au temple de l'Érechthéion à Athènes) et le nymphée dédié à Sérapis, l'Égypte. C'est aussi là qu'était représenté à foison Antinoüs, son favori, mort noyé dans le Nil.

Ci-dessus :
Les vestiges d'un nymphée avec un temple dédié à Aphrodite, dont la statue était une copie de la célèbre Vénus de Cnide sculptée par Praxitèle.

Double page suivante :
Les viviers de la villa d'Este, qui surplombent la fameuse fontaine de l'Orgue.

CASTELLI ROMANI

Il suffit de passer le périphérique romain, le *grande raccordo annulare*, en s'engageant sur la Via Tuscolana, parallèle à la célèbre Via Appia, pour très vite se sentir dépaysé. Les pins maritimes bordent les routes comme chez nous les platanes, et progressivement, les vignes apparaissent, en pergolas ou taillées en Guyot double, les sarments appuyés contre une baguette en bois. On approche du royaume du frascati, connu comme le « vin de Rome », ville distante d'une vingtaine de kilomètres à peine. Cette route des vins sinue dans la région des Castelli Romani, ces anciens châteaux du Moyen Âge dont il ne reste aujourd'hui quelquefois plus que le nom. Après eux vinrent les villas de l'aristocratie romaine, bien souvent liée au Vatican. Les notables appréciaient ces havres de paix aux portes de la capitale pour leurs paysages vallonnés, à flanc d'anciens volcans, dont les cratères avaient été ensevelis ou s'étaient remplis d'eau... C'est cette caractéristique géologique qui donne d'ailleurs à ce vin sa typicité, un blanc frais, minéral, dont les notes d'agrumes tirent vers l'amande en fin de bouche. Les papes, eux, se réservèrent Castel Gandolfo (voir page 102). Tous ornèrent ces villas de jardins paysagés, les fontaines alternant avec les massifs taillés et les rocailles, le tout à la mode maniériste. En allant vers le sud, les villages comme Grottaferrata, Albano, Ariccia, Nemi, sont conçus comme autant de terrasses tournées alternativement vers Rome ou vers la mer. Les lacs volcaniques qui jalonnent ces routes, celui d'Albano et celui de Nemi, sont autant de lieux empreints de légendes, toujours prisés des Romains aux beaux jours. Ils y viennent aussi pour les spécialités régionales dont les recettes se sont exportées au-delà des frontières locales : outre le vin à découvrir dans une de ces nombreuses *fraschette*, bars à vin rustiques où l'on peut aussi se sustenter de petites assiettes de spécialités (charcuterie notamment), les connaisseurs viennent à Ariccia pour la *porchetta*, ce cochon farci d'herbes et rôti à la broche, mais en saison, ils ne manquent pas non plus les fraises des bois à Nemi ! Enfin, une fois le corps rassasié, on peut aller nourrir son esprit en admirant les secrets méconnus que recèle la région, comme l'abbaye romane de Saint-Nil à Grottaferrata, plusieurs fois remaniée après sa fondation, et les jardins des villas Aldobrandini et Torlonia à Frascati !

Ariccia, halte incontournable des Castelli Romani, connue pour sa spécialité de porchetta*, cochon rôti et farci d'herbes aromatiques... mais aussi pour les réaménagements baroques opérés par le Bernin, notamment au Palazzo Chigi (siège du Musée baroque romain), qui borde la monumentale Piazza della Corte.*

Ci-dessus :
Caractéristiques de l'héritage des villas patriciennes de la région, des fontaines maniéristes ornent toutes les places des villages des Castelli Romani, comme ici, à Rocca di Papa, en surplomb du lac d'Albano.

Ci-dessus :
Le village de Monte Compatri, construit en amphithéâtre sur l'un des sommets des Colli Albani, les monts Albains, dans la région des Castelli Romani.

Ci-contre :
Les jardins de la villa Aldobrandini, désormais restaurés, s'ordonnent à l'italienne autour d'un splendide théâtre des eaux de Maderno.

LA VIA APPIA ANTICA

Regina viarum, la « reine des routes », la Via Appia, du nom du magistrat qui la fit construire, était aussi la plus ancienne et la plus longue. Elle qui filait droit vers le sud reliait d'abord Rome à Capoue en cinq jours, et plus tard à Brindisi, 530 kilomètres plus loin, au bout de treize ou quatorze jours. Tracée en 312 av. J.-C., elle était large, laissant passer les véhicules dans les deux sens, et pavée de grandes dalles de basalte. Mais la route porte aussi le souvenir des rituels mortuaires, car c'est hors de la ville qu'on inhumait les défunts, d'abord incinérés, puis enterrés dans de nombreuses catacombes sous l'Empire. À partir de la Porta San Sebastiano, une succession de nécropoles témoigne des premiers siècles du christianisme, quand l'inhumation devint la règle. Ainsi les catacombes de San Callisto et de Domitilla sont des dédales de 10 et 15 kilomètres, courant sur plusieurs étages où des milliers de personnes reposent. Plus loin, près de la tombe du martyr Sébastien, trois magnifiques hypogées, émouvants, mêlent motifs païens et chrétiens.

ROME EN UN CLIN D'ŒIL

Rome est la capitale de l'Italie, la capitale de la région du Latium, le chef-lieu de la province de Rome. Plus grande ville de la péninsule par sa superficie et sa population.

Population : **2 877 215 habitants en 2016**

Densité : **2 239 hab./km^2**

Nombre de touristes par an : **14 millions, soit environ 38 000 par jour**

Les monuments les plus visités : **le Panthéon (7,4 millions de visiteurs), avant le Colisée-Forum romain-Palatin (6,4 millions). Ce sont aussi les monuments les plus visités en Italie en général.**

Sept collines historiques (Capitole, Palatin, Aventin, Quirinal, Viminal, Esquilin, Caelius), plus de 300 fontaines, plus de 400 églises.

LES FORMALITÉS

Une carte d'identité ou un passeport en cours de validité suffisent pour entrer en Italie et y séjourner jusqu'à 90 jours.

LA BONNE PÉRIODE

Même si le climat est doux à Rome, l'hiver peut être rigoureux. La haute saison va de Pâques à fin juin, et reprend début septembre jusqu'à la Toussaint. Mars et juillet sont agréables, la ville est active, pas encore trop envahie, et les festivals battent leur plein. En août, les Romains la désertent… et la chaleur peut être rédhibitoire, sauf si l'on prend ses précautions – mais c'est aussi un moment où la ville multiplie les événements culturels en plein air : concerts de jazz, cinéma, opéras… Évidemment, en terre papale, s'attendre aussi à trouver une foule de pèlerins au moment des grandes fêtes chrétiennes, à Noël et Pâques.

LE VOYAGE

En avion

Plusieurs compagnies régulières et low cost desservent Rome plusieurs fois par jour au départ de Paris et des grandes villes françaises en 1 h 30-2 heures. À l'arrivée, deux aéroports possibles : le principal, Leonardo da Vinci, à une trentaine de kilomètres à l'ouest, à Fiumicino ; un second, à Ciampino, destination principale des low cost. Pour rejoindre le centre, il y a une ligne de train direct qui relie Fiumicino à la gare de Termini en 30 min, départs toutes les demi-heures de 6 h 30 à 23 h 30. Plusieurs compagnies de bus ou de navettes conjuguées au métro desservent aussi la ville au départ des deux aéroports. Le taxi est le plus cher, mais bénéficie d'un prix fixe – 48 € de Fiumicino, 30 € de Ciampino.

En train
La SNCF assure plusieurs départs de Paris à Rome via la Suisse puis Milan ou Turin ; compter 11 à 12 heures de voyage.

En bus
Eurolines dessert Rome au départ de nombreuses villes françaises (22 heures de voyage depuis Paris). www.eurolines.fr

En voiture
1 420 km depuis Paris, compter 14 heures de voyage via la Suisse par le tunnel du Mont-Blanc puis l'autoroute via Turin-Milan-Bologne-Florence.

Sur place
Deux lignes de métro relient le centre-ville, le Vatican et l'aéroport de Ciampino au départ de la gare de Termini... mais pour le reste, le métro n'est pas le moyen de transport le plus pratique à Rome. La ville se parcourt aisément à pied – avec de bonnes chaussures pour supporter les pavés irréguliers –, car les distances ne sont pas si grandes. Le réseau de bus et de tramways, géré par ATAC, quadrille les lieux et précise les stations desservies sur les panneaux à chaque arrêt. On se ravitaille en tickets dans les *tabacchi* (guetter l'enseigne avec un T majuscule), certains kiosques à journaux et des automates aux arrêts principaux.
www.atac.roma.it
En outre, certaines applis, comme Citymapper, fonctionnent mieux que celles des transports en commun et proposent des itinéraires multimodaux pour se déplacer (à pied, à vélo, en bus, en taxi...).
https://citymapper.com/roma

L'ARGENT

L'Italie fait partie de la zone euro. Depuis plusieurs années, les Italiens se sont équipés en terminaux de cartes bancaires, et il est donc devenu facile de régler par ce biais (avec ou sans code selon les établissements... attention aux vols). De même, on trouve de plus en plus de distributeurs dans les banques, notamment dans le centre. Et celles-ci n'ont pas le droit d'appliquer de frais de retrait ou de paiement au sein de la zone euro.
Pour ce qui est du budget moyen, si l'hébergement est cher en haute saison, il peut vraiment devenir très accessible au mois d'août par exemple (60 € pour une chambre double à l'Aventin !)... mais en moyenne, il faudra plutôt débourser autour de 100 €. Airbnb est aussi développé que dans d'autres grandes villes et propose des appartements – pratique pour les familles voyageuses. Il existe aussi un réseau de bed & breakfasts assez fourni. Des chambres dans les couvents sont une solution bon marché et irréprochable

pour ce qui est de la propreté et du silence, mais soumise à des contraintes horaires parfois peu compatibles avec le voyage (couvre-feu).
Par contre, il vous en coûtera nettement moins qu'en France pour vous sustenter : la *street-food* est particulièrement bon marché et mérite qu'on la goûte (pizza *al taglio*, à la coupe, dans les boulangeries, *panini*, fritures à emporter...). Le mieux est de s'écarter des quartiers trop touristiques. Dans une *trattoria*, si l'on prend juste une assiette de pâtes (*un primo*) avec une entrée (*antipasti*), on déboursera autour de 15 €. Pour le repas complet, avec un *secondo* de viande ou poisson, compter 30 €.
Le café au comptoir est un must, et ne dépasse pas 1 €, même dans les meilleurs bars.
Enfin, les entrées au musée sont payantes (8 à 16 € aux musées du Vatican par exemple) mais celles de toutes les églises sont gratuites.

LA CUISINE

Appréciée dans le monde entier grâce à l'activisme de sa nombreuse diaspora, la gastronomie italienne déploie à Rome tout son savoir-faire et la palette de sa diversité ! Au marché de Campo dei Fiori, on a un aperçu du « terroir », des légumes et des fruits que la péninsule cultive du nord au sud et qui contrastent fortement avec les victuailles françaises... De nombreuses salades amères par exemple, encore méconnues en France, dont les Italiens raffolent. Fromages et charcuterie complètent les expériences à faire... même si Rome est surtout réputée pour ses spécialités réconfortantes, roboratives et, dans le fond, assez simples. Quelques plats de pâtes à ne pas manquer : les incontournables *carbonara*, *amatriciana*, *cacio e pepe* (tomme de brebis et poivre) satisferont les amateurs affamés et se montreront sans doute sous un jour nouveau par rapport aux variations françaises. Ainsi, on apprend que dans une *carbonara*, on ne met jamais de lardons ni de crème... mais qu'on utilise du *guanciale* (joue de porc salée et séchée) et que le liant vient de l'œuf qui cuit légèrement dans l'eau de cuisson des pâtes !

Les plats d'abats sont renommés : tripes, queue de bœuf, intestins, ris... mais la viande la plus cuisinée dans les adresses traditionnelles reste l'agneau de lait au four (*abbacchio*) ou en cocotte façon chasseur. Les *saltimbocca alla romana*, sortes de paupiettes de veau enroulées autour d'une tranche de jambon de Parme avec de la sauge, sont appréciées des gourmets, tout comme les *straccetti con la rucola*, tranche fine de bœuf coupée en lanières servie avec de la roquette.
En dépit de sa proximité avec la mer, on ne mange pas facilement du très bon poisson dans la capitale... ou alors il faut y mettre le prix. Dans le centre, près du Campo dei Fiori, une adresse historique prépare le *baccalà* (morue) frit.
Quant aux *contorni*, les accompagnements, c'est l'endroit pour goûter les légumes à la juive (artichauts frits délicieux) et les nombreuses herbes amères (chicorée, *puntarelle*, feuilles de brocoli...).

Pas de grandes spécialités sucrées, mais quelques bonnes adresses de glaces, et des pâtisseries régionales (siciliennes notamment) qui donnent envie de découvrir toutes les facettes de la gastronomie italienne. L'été, les Romains font la queue aux kiosques de *grattachecca*, des granités à base de sirop de fruits.
Pour arroser le tout, il faut goûter aux vins des Castelli Romani, auréolés d'appellations d'origine contrôlée (DOC), aussi bien blancs que rouges.

LES FÊTES

Outre les grandes fêtes religieuses qui drainent au Vatican des foules de pèlerins (à Noël et Pâques en particulier, mais s'attendre aussi à trouver du monde sur le parvis de Saint-Pierre les dimanches à midi quand le pape est dans la capitale, pour la traditionnelle bénédiction *urbi et orbi*), Rome accueille le Jubilé tous les

vingt-cinq ans (le dernier en 2016), multipliant alors des événements exceptionnels (Journées mondiales de la jeunesse par exemple). En 1977, pour sortir les Romains de la torpeur dans laquelle les années de plomb les avaient plongés, le maire de l'époque et son équipe avaient créé l'Estate romana, renouvelée chaque été depuis (de début juin à fin septembre) : cinéma en plein air, concerts, théâtre, opéras aux thermes de Caracalla, kiosques pour se restaurer sur les berges du Tibre… mille et une occasions de se distraire en ville, pour les Romains qui restent et pour ceux qui sont de passage. Festival de jazz, de cinéma, Nuit Blanche, marathon… complètent le catalogue de fêtes aujourd'hui déclinées internationalement.
Autres occasions festives, comme la fête du 1er mai et ses nombreux cortèges syndicaux, ou celle de l'Unità, début septembre (équivalent de la fête de l'Huma) et quelques fêtes traditionnelles, comme le 24 juin, la Saint-Jean au moment du solstice d'été, puis le 29 juin, en honneur des saints patrons, Pierre et Paul. Dans les quartiers, les nombreuses fêtes liées à des madones locales (comme la Festa de Noantri, de « nous autres », dans le Trastevere, avec procession et feu d'artifice final après dix jours de fête – mi-juillet). Enfin, pour la Saint-Sylvestre, attention aux pétards – odeur de poudre et tintamarre à prévoir, les Romains adorent !

SHOPPING

Rome n'est pas Milan… et de ce point de vue, les amateurs de mode risquent d'être déçus. En dehors des enseignes internationales (et encore, pas toutes présentes, ce qui préserve Rome de l'uniformisation des autres capitales), on trouve tout de même les griffes italiennes de luxe Via Condotti à deux pas de la Piazza di Spagna. Se replier sur les spécialités gastronomiques, pâtes et fromages de brebis (*pecorino*), café et vins !

Crédits photographiques :
Toutes les photographies de l'ouvrage proviennent du fonds Hemis hemis.fr

© Arnold Images Jon / Hemis 9 centre, 11 g., 11 centre dr., 20-21, 24, 26-27, 34, 42 bas g., 43, 47, 49, 63, 65 haut, 72 bas, 79, 80-81, 95, 123 haut, 137, 138 bas et haut, 140-141, 157, 158, 159 ; © Art Collection 2 / Alamy / Hemis 66 bas ; © Angel David / Alamy / Hemis 134-135; Bildarchiv Monheim GmbH / Alamy / Hemis 32 bas, 103, 132 bas ; © Boisvieux Christophe / Hemis 51 ; © Borgese Maurizio / Hemis 119, 120 haut ; © Boulounie Éric / Hemis 131, 132 haut ; © Degas Jean-Pierre / Hemis 9 centre, 48 haut, 64 ; © Equatore / Alamy / Hemis 152 ; © Esposti Roberto / Alamy / Hemis 153 haut ; © Eastland Adam / Alamy / Hemis 54, 156 ; © Frances Stéphane / Hemis 42 bas dr. ; © Frumm John / Hemis 8 centre dr., 107 ; © Gardel Bertrand / Hemis 42 haut g. ; © Guiziou Franck / Hemis 10 centre, 55 haut, 60 bas, 94 haut, 100 bas et haut ; © Greule Otto / Alamy / Hemis 23 ; © Harding Robert / Hemis 32 centre, 88-89, 124-125 ; © Hauser Patrice / Hemis 10 g. et centre dr., 25, 71, 76 bas, 86 ; © Hughes Hervé / Hemis 9 dr., 29, 55 bas, 83 ; © Hansen Rupert / Alamy / Hemis 151; Hervás Bengochea Israel / Alamy / Hemis 8 centre ; © ImageBroker/ Hemis 61; Lama Massimo / Alamy / Hemis 133 ; © Mattes René / Hemis9 g. et centre g., 10 centre, 11 dr., 15, 16, 31, 32 haut g., 33, 39, 40 g., 41, 45 haut, 50 haut, 60 haut, 67, 72 haut, 73, 74, 99, 101, 104-105, 112, 121, 128, 139, 143, 144 haut, 145, 146 g., centre et dr., 148-149 ; © Mauritius / Hemis 18 haut, 113 ; © Morandini Tuul et Bruno / Hemis 4, 48 bas ; © Paubel Frank / Hemis 10 centre dr., 117 ; © Pistolesi Andrea / Hemis 44, 45 bas, 127 haut, 155 ; © Pefley Chuck / Alamy / Hemis 56 ; © Pompe Ingolf / Hemis 11 centre g., 93 bas, 120 bas ; © Rieger Bertrand / Hemis 17 ; © Rolandas Misius / Alamy / Hemis 92 haut ; © Sklifas Steven / Alamy / Hemis 153 bas ; © Serrano Anna / Hemis 8 centre g., 8 dr., 36-37, 65 bas, 66 haut, 76 haut, 77, 87, 108, 109, 114-115, 116 bas et haut, 122, 123 bas, 126 ; © Sonnet Sylvain / Hemis 8 g., 9 centre g., 19, 68-69, 85, 111 ; © Suetone Emilio / Hemis 127 bas ; © Tetra images / Hemis 50 bas ; © Thomas Glyn / Alamy / Hemis 144 bas ; © Torrione Stefano / Hemis 10 dr., 11 ; © Warburton Lee John / Hemis 40 centre, 94 bas ; © Zoonar GmbH / Alamy / Hemis 81 ; © Zylberyng Didier / Hemis 18 bas, 53, 59, 84.

Couverture : © Sylvain Sonnet / Hemis.fr.

www.editionsduchene.fr

Direction générale : Fabienne Kriegel
Édition : Valérie Tognali
avec la collaboration de Franck Friès
Suivi d'édition : Sandrine Rosenberg, assistée de Diane Flahaut
Directrice artistique : Sabine Houplain
assistée d'Élodie Palumbo et Élisa Santos
Conception et réalisation graphique : Pascale Comte
Correction : Myriam Blanc
Cartographie : Cyrille Süss
Fabrication : Liza Sacco
Photogravure : Reproscan

Partenariats et ventes directes : Ebru Kececi
(ekececi@hachette-livre.fr)
Relations presse : Hélène Maurice
(hmaurice@hachette-livre.fr)

Édité par les Éditions du Chêne
(58, rue Jean Bleuzen, 92178 Vanves Cedex)
Achevé d'imprimer en janvier 2018 par Polygraf en Slovaquie
Dépôt légal : mars 2018
ISBN : 978-2-81231-631-9
89/6398/9-01